中国人的性格

（美）阿瑟·史密斯 著
鹤泉 译

中国華僑出版社

图书在版编目 (CIP) 数据

中国人的性格 /（美）史密斯（Smith,A.）著；鹤泉译 .—北京：中国华侨出版社，2013.11

ISBN 978-7-5113-4233-1

Ⅰ.①中… Ⅱ.①史… ②鹤…Ⅲ.①中华民族 – 民族性 – 研究 Ⅳ.① C955.2

中国版本图书馆 CIP 数据核字（2013）第 264489 号

中国人的性格

作　　者：（美）阿瑟 · 史密斯
译　　者：鹤　泉
出 版 人：方　鸣
责任编辑：永　臣
封面设计：王明贵
版式设计：李　倩
文字编辑：于海娣
美术编辑：郎利刚
经　　销：新华书店
开　　本：680mm × 980mm　1/32　印张：7　字数：201 千字
印　　刷：北京鹏润伟业印刷有限公司
版　　次：2014 年 1 月第 1 版　2014 年 1 月第 1 次印刷
书　　号：ISBN 978-7-5113-4233-1
定　　价：28.00 元

中国华侨出版社　北京市朝阳区静安里 26 号通成达大厦三层　邮编：100028
法律顾问：陈鹰律师事务所
发 行 部：（010）58815875　　传　　真：（010）58815857
网　　址：www.oveaschin.com
E-mail：oveaschin@sina.com

前言

阿瑟·史密斯是一位美国公理会教士，中文名字为明恩溥，1845年7月生于美国康涅狄格州，1872年，偕妻子来华传教。侨居中国54年，完成《中国人的性格》那一年，他已经有了22年的中国生活经验。

1890年开始，史密斯在上海的英文报纸《字林西报》上发表系列文章，描述他对中国人的观察与发现。文章在美国、英国、加拿大产生了较大反响，读者纷纷要求作者将这些文章结集出版。1894年，文章结集为《中国人的性格》（《Chinese Characteristics》），由美国弗莱明公司在纽约出版。一经出版，反响热烈而又久远，一时风靡西方世界，至今已有十多种译本。

在《中国人的性格》中，史密斯根据自己对中国人的日常行为、生活习性、价值形态的观察和体验，以西方的文化生活形态为参照，精辟地论述了中国人的思维模式、性格特征、行为方式、习惯习俗等诸多方面，充分显示了其敏锐的感受力、明晰的判断力、深邃的思辨力与高度的概括力。史密斯生动地勾画出一个西方人眼中100多年前的中国人形象，有高尚的品格、良好的习惯，也有天生的褊狭、固有的缺点，其目光所折射的力量是令人震撼的。

一本英文书竟有十多种译本，足见其价值非同一般，其价值已有诸多中国思想家、学者、作家等作了详尽评述。

鲁迅先生于去世前14天，在上海《大公报》上的《“立此存照”（三）》一文中写道：“我至今还在希望有人译出史密斯的《支那人气质》（由《Chinese Characteristics》日译本转译而成）来。看了这些，而自省，分析，明白那几点说得对，变革，挣扎，自做工夫，却不求别人的原谅和称赞，来证明究竟怎样的是中国人。”中国现代教育家潘光旦在《评〈中国人的素质〉》一文中写道：“《中国人的素质》一书，大体上很可以说是一幅逼真的写照……《中国人的素质》中所历叙的中国人的特性，不但是一个事实，为明氏（即史密斯中文名明恩浦的尊称）一班明眼人所见到，并且，就生物淘汰的学理言之，也确乎是一些无可避免的结果。”美国最负盛名的中国问题观察家费正清说：“该书（《Chinese Characteristics》，中文译本《中国人的素质》）是中国生活在美国中产阶级眼中的经典写照，书中关于中国社会差别的叙述十分引人注目。该书同时标志着一个新的阶段，成为后来的社会学分析的基础。明恩浦把作为文化差异的‘贫穷’与‘社会团结’，写得特别精彩。”

然而，纵有上述这些中肯的评价，我们也必须注意这样一个问题：尽管史密斯力图以公允的态度评述中国，但他身为一名美国人，限于文化与时代的差异，或多或少会对中国人存在偏见与误解。正如中国现代著名学者辜鸿铭所说：“那个可敬的亚瑟·史密斯先生，他曾著过一本关于中国人性格的书，但他却不了解真正的中国人，因为作为一个美国人，他不够深沉。”

无论如何，本书不失为一本价值与思想并重的好书。也许作者对中国人所谓的偏见与误解，正是对千千万万中国人的鞭策与警醒。仁者见仁，智者见智，谨此希望每一位读者都认真看待此书，从中汲取经验和教训，最终让自己成为一个优秀的中国人。

值得一提的是，为了符合当代人的阅读习惯，而又不破坏原作者的写作风格和思想精华，译者采用直译和意译相结合的方式，力求让此书更具传阅度、珍藏度以及研究价值。

目录

第一章

面子要紧

初步看来，将全人类都具有的“脸面”描述成中国人的一种“性格”，再也没有比这更荒诞可笑的了。但是，对中国人来说，“脸面”不单指头的脸部，它是一个复杂的集合名词，其中包含的意义，远超出了我们的描述能力和领悟能力。

为了理解面子的含义，哪怕只是大致上理解，我们也必须考虑到这样一个事实，即中国人作为一个族群，具有强烈的演戏的本能。可以说，戏剧几乎成为唯一的通行整个中国的娱乐活动。中国人对戏剧的痴迷，如同英国人痴迷于体育，西班牙人痴迷于斗牛。只要稍加鼓动，任何一个中国人都能轻松入戏，他们会摆出演戏的姿势，行礼、下跪、俯身、叩头，像模像样地扮演起某场戏中的某个角色。面对这种情形，西方人即便不觉得滑稽可笑，也会觉得多此一举。

中国人习惯用戏剧术语表达思维。当某个中国人为自己澄清误会时，即使只有两三个人在场，他也会像面对一大群人那样，大声地说：“我是当着你们的面说的，这里有你，有你，还有你！你们都在场！”如果他的烦恼一扫而光，他就会说自己很体面，有了台阶下；如果他的烦恼未能排解，他就会觉得自己没脸面下台。其实只要你看明白了就会发现，所有这些事情与事实毫不相干。对中国人而言，事实永远不是什么问题，形式才是最大的问题。

演一场戏要想获得喝彩声，只需要在适当的时间以适当的方式说一番漂亮话。我们根本不必到幕后去探寻真相，因为那将搅乱这个世界上所有的好戏。

在复杂的现实生活中，一举一动都参照戏剧化的样式，中国人就会很有面子。当他们全心入戏时，如果你不理他们，轻视他们，或者喝倒彩，他们就会觉得“丢面子”。“面子”犹如一把钥匙，一旦人们正确理解了它所包含的意义，就可以打开中国人许多重要的性格之锁。

附带说一下，如何做才能有面子，其方法和学问，以西方人的知识范围和理解能力是难以企及的。西方人经常忽略中国人生活中的戏剧化因素，而误入无足轻重的事实领域。对西方人来说，中国人的面子就像南洋岛的戒律那样，是一种不可否认的潜在力量。不同的是，“面子”可以反复无常，却不能循规蹈矩，只能按照人们的世故常情来取消或变更。在这个观念上，中国人和西方人必须承认彼此间存在差异，因为他们绝不可能在同样的事情上达成共识。在调停各个村庄间没完没了的争执时，“和事老”们必须仔细斟酌面子的平衡问题，就像过去欧洲的政客们斟酌权力平衡一样。在这样的情况下，就背离了维持客观公正原则的目的。对一个东方人来说，即使他满怀希望在道义上做出公正，但也绝不会真正地去实施，而是按所谓的比例对“面子”进行分配。同样的情况，在诉讼的裁决中也时有发生，就这造成绝大多数裁决都变成了不分胜负的“拉锯游戏”，最后只得不了了之。

送人一份丰厚的礼物，相当于“给他面子”。不过，如果礼物是以个人的名义送的，受礼人应当只接收其中的一部分，照单全收或统统拒收的情况是很少见的，甚至根本不可能发生。一些渴望保住面子的事例，足以说明这个问题。即

使因犯错而受到指责，也是很“丢面子”的事情，因此，为了保全面子，不管证据多么确凿，也要全盘否定。比如，一只网球不见了，有充足的证据显示是被一个苦力捡走了。当向苦力讨回网球时，他却愤愤不平地予以否认。随后，他走到丢球的大致方位，假装从地上找到了网球（实际上，网球是从他的长袖里掉出来的），并理直气壮地说：“瞧，我找到了你‘丢’的网球。”一位女佣故意把客人的铅笔刀藏在她主人的房间里，当客人寻找铅笔刀时，女佣就会装模作样地把铅笔刀从桌布下面“找”出来，借此得意扬扬地炫耀一番。

在这些事例中，都保住了“面子”。一位仆人不小心弄丢了主人的一把银钥匙，他心知必须做出赔偿，或者被主人扣掉一部分工钱来当作赔偿。于是，他主动向主人请辞，并故作清高地说：“我这月的工钱用来赔偿那把银钥匙吧，我不要了。”这样，他的面子没有受到丝毫损伤。一位债主明知有一笔债款很难要回来，但还是会找到欠债人，严厉地训斥一番，以表明他知道该怎么做。虽然这位债主没能收回欠债，但是他保住了面子，并以此来保证以后不会有类似的事情发生。一个仆人不好好当值，或者拒绝履行一些职责，当获悉主人准备辞退他时，他会明知故犯，并事先提出辞职，以保全自己的“面子”。

为了保全面子连性命也不顾，这对我们来说似乎很不值得，但是据说中国的地方官犯了杀头大罪后，在依法斩首时是可以身穿官服的，这种特殊的恩惠就是为了保住他们的面子。

第二章

节俭持家

“节俭”这个词，意味着持家的准则，尤其是指如何处理家庭的收支关系。依照我们的理解，节俭主要表现在三种不同的层面：控制花销；杜绝浪费；用少花钱、多办事的方式调节经济。无论从这三种层面的哪一层面来看，中国人都是当之无愧的节俭能手。

到中国旅行的外国人，对当地人的第一印象中总有一条是他们的饮食过于简单。众多的人口赖以生存的食物仅有那么几种，比如稻米、豆制品、谷子、蔬菜和鱼。这些东西再加上其他一些很少的东西，就构成了亿万中国人的主要食物。只有在逢年过节或遇到特殊的事情时，才会添上一点儿肉食。

现在，很多人注意到，西方各国正在想方设法为生活贫困的人提供物美价廉的食物。那么，西方人不能不关注这样一个毋庸置疑的事实，那就是在中国平常的年景里，每天花不到两文钱就可以为一个成年人提供足量的饮食所需。即使在灾荒年月，成千上万的人也可以单靠每天不足一文半的生活费来维持生命。这意味着，中国人的烹饪技术是相当高超的。虽然在外国人心目中，中国人的食物简单、粗糙、淡而无味，甚至倒胃口，但是不能不承认，在饮食和服务方面，中国人绝对是一流的烹调大师。在这个问题上，温格罗夫·库克先生认为，中国人仅次于法国人，而在英国人（也许还包括美国人）之上。中国人的烹饪水平是否一定在哪个国家之下，我们不敢像库克先生那样肯定，不过他们势必在一些国家之上，却是无可争辩的。

如前所述，中国人的食物种类很少，但是即使以生理学家的角度来看，也能显而易见，中国人对主食的选择称得上相当高明。他们的食物原料极其简单，制成品却花样繁多，其烹饪技术之精湛，就连那些对中国烹饪技术很少关注的人也会有所耳闻的。

另外有一件极有意义的事实，尽管以前没引起我们注意，但是很容易被证实，那就是中国人在做饭炒菜时很少浪费，任何东西都要物尽其用。一般的中国家庭，每次用餐的残羹剩饭都留着下次再用，除了那些分文不值的之外。要想验证这个普遍的事实，只消看一看中国人家养的猫和狗的生活状况。这些动物一直挣扎在“死亡线上”，仅靠人们提供的少量剩饭菜艰难地“活着”。而在新兴国家中，浪费现象是尽人皆知的。我们可以肯定地说，像美国这样生活富裕的国家，每天所浪费的东西足以支撑6000万中国人过上比较好的生活。我们殷切希望这些剩余的东西不被浪费，而能把更多的人养胖，就好比很多中国人“吃饱”后，仍然把剩饭剩菜收起来留着下次用，即使是茶杯里的剩茶也要倒回茶壶里，重新热一遍再喝。

还有一个事实，不能不引起我们的充分关注，这就是人类很重视食品安全问题。西方人是越来越重视这个问题了，但中国人却不以为然。对他们来说，所有可以吃的东西都是网中之鱼，迟早都要吃掉，几无幸免。在中国的北方，人们普遍驭使马、骡子、牛和驴来干活，有的地方还驭使骆驼。一旦牲畜死亡后，不管是死于意外，还是老死、病死，一般都要被人们吃掉。

毫无疑问，我的一些读者看到这儿，一定会觉得中国人实在太过于节俭了。不过，没必要大惊小怪，因为中国人认为这种习惯是理所当然的。就算牲畜是因患上胸膜肺炎之类的传染病而死亡的，中国人也不会放弃这种习惯。他们心里很清楚，吃了这种病畜肉可能会让自己患上某种疾病，但由于这种病畜肉比其他畜肉更廉价，因而这种病畜肉最后还是全被人们买走了，也全进了人们的肚子。明知有害还要冒险去买病畜肉，与其说是为了节俭而少花钱，不如说是贪图便宜。当然，应该说的是，因吃病畜肉而患上疾病的人毕竟不多。死猫和死狗也像死马、死骡子、死驴一样，成了人们的盘中餐。我们曾经遇到过好几起村民故意把狗毒死，然后煮了吃的事情。其中有一次，一位外国医生为村民的生命安全考虑前去劝阻，给他们讲述吃了毒死的狗肉可能会产生的严重后果。可是狗“早已下锅”了，那些曾吃过毒狗肉而安然无恙的人不忍心放弃这顿美餐，便不听劝阻地大快朵颐，结果吃完后居然真的一点事也没有。

还有一个能说明中国人节俭的例子，也与做饭有关，这就是为了解决燃料稀缺的问题，他们在饭锅的制作上下了不少工夫。在中国，燃料是匮乏和珍贵的，人们通常把树叶和庄稼的根茎作为燃料，但这种燃料一烧就没了。只有把锅底做得特别薄，才能适应这种情况，因此，人们用锅的时候要格外小心。

顺便说一下拾柴的整个过程，这也可以说明中国人节俭到了极点。任何一个小孩，就算他什么事业也做不了，起码能做拾柴的工作。秋冬时节，拾柴大军随处可见，他们手拿竹耙卖力地搂扒，所到之处寸草不留。孩子们还被派到树林里，用木棒打落树叶。他们热情高涨，就跟打的是熟栗子似的，甚至树叶还没落地，就有一些心急的孩子伸手去“抓”了。

如何最大限度地利用手头的布料，这是所有的中国家庭主妇都知道的事。她们的衣着朴素，根本不像西方同龄女性那样，在花样和款式上奢侈浪费，而是尽可能地省时、省工和省料。令外国议会中倡导“家政”的女文学家们做梦也想不到的是，即使是一块小得不能再小的布料，也能在中国妇女手里派上用场。她们不讲究美观，只在乎如何让布料发挥效用。这处用不上，肯定能用在别处，甚至是一些碎布条都可以用来粘成鞋底。

伦敦和纽约的慈善家，经常把自己不穿的衣物施舍给穷人们，还想当然地希望这些穷人不要因此成为依赖救济过活的人。慈善家的做法，无疑是弊多利少。但是，无论是谁把类似的东西施舍给中国人，我们也有理由相信，就算中国人使用的布料和衣着款式与我们相差悬殊，他们也会欣然接受并充分利用这些东西，就连下脚料他们也不会浪费掉，而是跟其他布料搭配起来使用，直到用完为止。

中国人时常以题词的方式向朋友表示祝贺，并把题完词的纸用线疏松地缝在一块锦缎上，而不用胶水粘紧。之所以这样做，是为了让朋友有一块可以长期使用的锦缎，如果以后另有选择，就能够方便地更换新题词。中国人的节俭，在小商贩的买卖中也有所反应。对他们来说，不管多么小的东西，都是值得注意的。比如，一个小商贩能够明确地告诉你，不同种类的火柴中每盒火柴的根数，并对每盒火柴的微小赢利了如指掌。

中国人的帐簿用过后，每一页都可以再度利用，要么拿来糊窗户，要么做成纸灯笼。中国人无处不节俭，甚至到了不惜压缩日常必需食品的地步。在他们看来，这样做没有什么不合理的，反而认为是理所应当的。

B.C. 亨利博士在《十字架和龙》一书中列举了一个很恰当的例子：有一次，三个轿夫足足花了 5 个钟头的时间，抬着亨利博士走了 23 英里路。随后，三个轿夫又返回广州，去吃别人专为他们而留的早餐。如此说来，这三个轿夫在吃早餐前总共走了 46 英里的路，其中一半路程还是负重前行的，而这仅仅是为了节省 5 分钱的早餐费。

亨利博士还举了一个类似的例子：两个轿夫抬着轿子走了 35 英里路，尽管他们从早晨 6 点起就没吃没喝，但也舍不得花 3 文钱买两大碗米饭

吃，而是空着肚子撑船回去。后来，船搁浅了，他们在第二天下午二点才抵达广州。到这时，他们已经有 27 个小时没吃饭了。他们负重走了 35 英里路，况且他们不光是抬着人行走，还要担负行李的重量啊！

中国人厉行节俭的做法，西方人有时的确很难苟同。但是我们不得不承认，中国人的节俭完全源自他们淳朴的天性。中国的很多地方，特别是（说来也怪）在北方，一年中总有那么几个月份，男孩女孩都像是生活在伊甸园中一样，光着身子四处游荡。也许吧，他们觉得一丝不挂比较舒服，但本质上还是为了节俭，因为这样可以省下买衣服的钱。

中国的独轮车，绝大多数推起来都会发出吱吱嘎嘎的声响。其实，只要在车轴上加几滴润滑油，车子就不会这样嘎嘎作响了。但是没有人这么做，对于那些被称为“神经麻木”的人来说，吱吱嘎嘎的声响比油便宜多了。

若问一个侨居国外的日本人有什么特殊要求，他会说每天务必提供足量的热水，以便他按照传统沐浴。中国也有浴室，但绝大部分中国人从来就没进去过，有些人甚至根本就没见过。一位中国母亲见自家孩子满身尘土，就用笤帚给孩子清理。一位外国妇人见此情景，好奇地问：“你每天都给孩子洗澡吗？”这位中国母亲诧异地说：“洗澡？自打孩子出生以来就从没洗过。”

对于中国大众来说，即便肥皂零售商将“比土还低廉”的字条贴在橱窗上，也还是无人问津。犹如意大利人将英国人视为“浪费肥皂的人”一般，中国人则通通将外国人看作是这样的人。中国人洗衣服时也会用到肥皂，但会尽量节省，且用量很少。他们洗过的衣服，与我们所说的洁净标准相比还有很大一段差距。但是我们不得不承认，中国人这样做的缘故完全是出于节俭。尽管许多中国人的生活条件不尽如人意，但他们和我们一样地喜爱干净。有些中国人堪称整洁的模范，这是值得我们效仿的。

正是由于节俭的本性使然，因而要想在中国买到现成的工具几乎是不可能的。你可以买到工具的零部件，然后自己加工组装。自己加工总比买现成的便宜，人人都这么想，于是就没有现成货了。

关于中国人用料节俭的例子，我们早已说过很多了，但并非仅仅如此。再比如，在光线比较昏暗的房子里点一盏油灯花不了多少钱，但也要把两个房间的隔墙开一个洞，将油灯放在墙洞里，用来驱散两个房间的黑暗。这种现象也常见于中国的各种工厂里，比如在纺织、制陶、冶炼、工艺制作等小作坊就屡见不鲜。对我们而言，这种小作坊不单单能体现中国人的节俭，更能反映出中国人某方面的“才能”。中国人原本可以创造出更加轻松有效的劳作方式，但是却没人愿意进行改善。他们习惯于紧靠一双手就制造出所有的东西，这就造成不论是简单或者复杂的东西，全都大同小异、毫无特色。他们的炼铁炉，规模如同一口大型的炒菜炉灶，通常建在一个小院子里，用一个小时的时间就能用砖砌好，还能长期地使用下去，也挺好烧，不用花钱。

要想用最直接、最典型的事例证明中国人节俭，就要提到人们管理大量谷物贡品的工作。其实，与其说是管理，不如说是缺乏管理。中国人每年都要把大量的谷物贡品运输到北京，他们通常从天津装货，然后沿着北运河运到北京通州，最后卸货。令外国“谷物交换”商深感诧异的是，中国人装卸、称量并搬运那堆积如山的谷物，竟然不使用机械，而是靠一批苦力手工完成。那些苦力使用的工具非常简单，只有一些形状如同截锥、容量几十升的“斗”， 以及一定数量的草席，仅此而已。苦力们将草席在地上铺好，然后倒出谷物，用斗称量，继而装袋、运走，最后把草席收走。整套流程完成后，港口旁边的“谷物交换市场”就要变成光秃秃的泥岸了。

在美国烟草种植园，最沉重的开支是，必须建造一个特别长且结构精致的棚子，以便晾干烟叶。不过，在中国种植烟草的农村里，根本就没有这项花费。中国烟农们晾烟叶的棚子是用茅草搭建的，棚子用过之后就拆掉，茅草则当作上好的燃料使用。烟农门采摘烟叶时，会留下那肥大、坚硬的叶柄。采集好烟叶后，就用草绳把烟叶扎紧，像晾衣服一样把烟叶挂起来晾干。不得不说，这种晾烟叶的办法实在是既简单又有效。

每一位居住在中国的外国人，只要他稍微细心观察一番，就能够举出若干例子来说明中国的社会现实。但是，要想说明中国人的节俭，也许没有比这更典型的例子了：一位中国老妇人步履蹒跚地赶着路，一打听知道，她准备去亲戚家。可她不是单纯地为了探亲，而是为了以后死在离祖坟比较近的地方，这样就可以节省一些雇人抬棺材的费用了。

第三章

勤劳刻苦

勤劳意味着习惯于勤奋地做任何工作，并始终关注工作。当今世界，勤劳是最值得赞扬的美德之一，应该永远受到尊重。

衡量一个民族是否勤劳，大体上可以从三个方面入手：长度、广度和厚度。也就是说，要考虑到两个外延和一个内涵。长度指的是辛勤劳作所持续的时间，广度指的是参与劳作的人数；内涵指的是“习惯于勤奋”和“始终关注工作”所发挥的作用。把这三个方面综合起来，就形成了一个整体。

一般来说，偶尔到中国的外国旅客与长期定居中国的侨民，对中国人的印象不尽相同。但有一点他们是确信无疑的，那就是中国人都非常勤劳。一个外国人刚到中国，往往会觉得这个民族的人正在履行约翰·卫斯理的格言——全力以赴，始终如一。在中国，基本上见不到懒汉，每一个中国人似乎都在忙这忙那。

当然，虽然中国的富人在中国总人口中占得比例很小，他们不工作也能过上富裕的生活，但是他们的生活并非外国人看到的那么平庸。中国的富人从不会放弃自己的事业，他们始终像贫穷时那样热情高涨地投入到工作中。

中国大抵有四个社会阶层，分别是知识分子、农民、工人和商人。让我们来看一看这四种阶层，都是怎样体现勤劳的。

中国的教育模式有许多不容忽视的弊病，因而西方人很难接受。然而，中国教育中有一个特点总是引起西方人的关注，那就是“只为勤奋，不求回报”。中国政府为了卖官，向有钱人敞开了许多后门，这似乎会严重挫伤读书人的热情，但是官职买卖并没有引发这样的后果。各个省份都在抱怨，考中官职的合格考生的数目，总是远远多于空缺的职位。从最低级别到最高级别的所有各级考场，全都人满为患，经常出现一万多名考生竞考一个职位的现象。试想一下，中国的读书人为了进入这样的考场，得付出多少心血和精力啊？由此，我们怎能不感受到他们的勤奋，怎能不对他们留下深刻的印象呢？

《三字经》里记载了很多关于读书人勤奋刻苦的事迹，比如借助萤火虫的光芒在晚上苦读，把书本固定在耕牛犄角上边耕地边读书，这些事迹至今仍被成千上万的读书人所流传。

在很多情况下，有些人一旦获得暂时的成功就放弃了往日的勤奋，但是中国人从不把这种有始无终的人视为读书人。只有那些在布满荆棘的书山上不断奋勇直前，直至学有所成的人，才配得上“读书人”这一荣耀的称呼。

祖孙三代人为了谋取同样的官职而参加同样的考试，并经过长期努

力，最终都在80岁高龄时获得梦寐以求的官职，这种事情除了中国之外，在其他任何地方都是看不到的。

1889年春天，北京的《邸报》上刊载了几篇关于省级考试中老年考生的报道。福州总督报告说，当地秋试中有9位年过八十、2位年过九十的考生通过了应试。他们应试时所写的文章，结构严谨、内容流畅，书法也苍劲有力。这位福州总督说，这些老年考生当初考中秀才时已年过六旬，此前已经参加过三次晋级考试，如果第四次再不成功，就该授予名誉头衔了。

河南总督也同样报告说，当地有13位年过八十、1位年过九十的考生，他们全部通过了为期九天的严格考试，所写文章简明精炼，丝毫没有流露出暮年的迹象。最令人称奇的是安徽总督的报告，那里居然有35位年过八十、18位年过九十的考生。试问，在别的国家会出现这种现象吗？

如果说中国的知识分子始终都勤奋刻苦，那么中国的农民更是有过之而无不及。在中国北方的所有省份，农民们除了冬至前后稍事休息外，其他时间几乎就没有闲下来过，总是有大量的活儿要干。无疑，其他国家的农民大概也是如此，但是中国农民的勤劳是其他民族无法比拟的。

农民阶层尚且如此，那些没有土地、单靠出卖劳动力为生的雇农就更加极度勤苦了。他们长年累月挣扎在温饱线上，在无尽的折磨中度过一生。正如农民要殚精竭虑照料好他的每一棵白菜，要耐着性子仔细清除幼小的菜虫一样，雇农门更要对那些琐屑的工作负责，以便能让一大家子人填饱肚子。那些有事外出的人，通常都在半夜就起身赶路，因为他们早就养成了这种勤奋的习惯。但是，不论你什么时候出发，都会在路上碰到手拿叉子、肩背箩筐的拾粪工——当没有其他事情可做的时候，拾粪就变成了一

件永远也做不完的事情。

有些人为了养家糊口，不得不找两份工作互相调配着来做。这种事情是屡见不鲜的，比如，天津的船夫在河水冰封无法行船时，就拉冰橇、搞搬运，赚一些微薄的收入。同样，一些地区的农民在农闲时就编编草帽、搓搓草绳。时至今日，他们编制的草帽还在大量出口。中国的妇女更是这样，几乎就看不到她们闲着的时候，就算她们在街边闲聊，手里也在不停地忙活着，要么是纳鞋底，要么是搓棉花，反正她们是绝不会偷懒的。

要问中国哪个阶层工作最拼命、最不知疲倦，那当属商人及其雇员。虽然西方国家的雇员工作也并不轻松，但与中国雇员比起来算是清闲多了。中国雇员的工作总是没完没了、没有尽头，他们几乎没有节假日，而且任务相当繁重，只有在筋疲力尽时才可以稍作休息。中国的店铺营业时间很早，关门时间却很晚。店铺账簿的记账方法很是烦琐细致，以至于账房雇员为了算清收支要忙到很晚。实在没事可做的时候，雇员们就坐下来挑拣赚来的铜钱，看看有没有罕见的、有价值的，以便卖个好价钱。

在中国，最让人羡慕的阶层莫过于官僚阶层，每一个有志之士都想跻身其中。然而，令人吃惊的是，官僚阶层居然还是最艰苦的阶层。不论在理论上还是实践上，中国各级官吏都必须独自处理公务，要对公务负责到底。而公务数量之巨、种类之繁，同样令人吃惊。

北京外国使馆的一位翻译讲述了这样一件事情："我曾经拜访过一位中国内阁大臣，他对我抱怨说他的日常事务异常繁忙，超负荷的工作总是让他陷入过度疲劳的状态。他说，他每天凌晨两点就要离家去皇宫值班，一直到早晨六点才结束。身为内阁大臣，早晨六点到上午九点，他要在朝中议事；身为兵部大臣，上午九点到十一点，他必须在兵部办公；身为刑部要员，中午十二点到下午两点，他要在刑部处理公务；身为外务部的资深部长，下午两点到下午五六点，他还要去外务部工作。除了身兼数职的本职工作外，他还要帮其他部门分担一些工作。这样一来，他每天都得在晚上七八点后才能回家休息。"

看了上面这件事情，那些每天只工作八个小时的工会会员们会有什么感想呢？据说，那位内阁大臣在接受那位翻译的拜访后，只过了半年时间，就因过度劳累、心力交瘁而与世长辞了。由于过度劳累，还有很多中国官员提早结束了他们的职业生涯——如果他们能继续工作，会给政府创造出更多的价值的。

前文已经交代过，勤劳的外延指的是辛勤劳作所持续的时间和参与劳作的人数。不难看出，中国人在勤劳的外延方面是很了不起的。中国人的一天通常开始于拂晓之际，而不是天大亮之后。中国的皇帝上早朝的时候，欧洲各国的宫廷要员还在睡梦中呢。这种事对于西方人来说简直是不可思议的，但对中国人来说则是最自然不过的了。在一定程度上，中国天子的所作所为会影响到他的臣民，所谓上行下效就是这个道理。由此，广州的铜匠、福州的锡铂匠、宁波的木匠、上海的磨坊工，还有北方各省纺棉和磨面的工人，通常都是五更起床工作，半夜下榻休息。天还没亮，外国游客就可以在中国早市上看到卖菜的菜农。实际上，这些菜农起得更早，因为他们都是从数里以外的家里赶过来的，他们要在黑暗中等待黎明的到来。而当西方人准备吃早饭的时候，中国人的早市已经结束了。夏季清晨五点半左右，在上海的主要街道逛上一圈，就能够感受到东西方的强烈反差了。在黄浦江边的高楼大厦里做生意的欧洲人还没任何动静呢，成群结队的中国人就已经热火朝天地忙了很长时间了。几个小时后，西方人才开始走上街道，与中国人挤在一起，轻轻松松地踏上了工作岗位。而这时候，中国人早就干完了半天的活儿了。约翰·戴维斯评论中国人“热爱劳动”时说过：这标志着他们的政府使他们满足于自己所处的环境。

关于中国人勤劳的内涵，我们再说几句。中国人属于亚洲人，他们的工作模式与其他亚洲人如出一辙。如果我们试图将自己的工作模式强加给这个充满活力的民族，那只是是徒劳无益的。对我们来说，他们确实缺乏我们所高度推崇的一种美德——诚心。盎格鲁—撒克逊人不用靠《圣经》的暗示，也能知道竭诚去做力所能及的事情是很重要的。但是，当代宗教和哲学思想固然能对中国人产生影响，却不能改变他们前进的方向。他们从几千年的经验积累中受益匪浅，如今就像荷马之神那样，做事从来都不慌不忙。

人们忍不住要思索这样一个问题：有朝一日，白种人和黄种人进入前所未有的的激烈竞争时，谁会获得最终的胜利呢？

诚然，如果所罗门的那句经济学格言——“勤劳能够致富”是正确的，那么中国人无疑会成为世界上最兴旺、最富有的民族。但前提条件是，中国人必须在自己的道德中找到一种平衡，以弥补他们明显缺乏的一些基本品德，比如真诚的美德。不管采用什么方法和途径，只要真诚的美德在中国人的道德意识中恢复其应有的地位，那么在不久的将来，中国人势必会获得由他们的无比勤劳所带来的全部报偿。

第四章
讲究礼节

一般来说，中国人和东方人的礼节问题，可以从两个截然不同的角度来考察——其一是赞赏，其二是批评。我们时常夸耀自己，盎格鲁—撒克逊人具备许多美德，而其中最为显著的是内刚，外柔则无关紧要。因此，当我们来到东方的时候，发现如此多的亚洲人在调解人际关系的技巧方面，竟远胜于我们，内心就禁不住肃然起敬，就跟一事无成的人对无事不能的人所产生的那种敬意一样。即使最刁钻的西方批评家也不得不承认，中国人已经把礼节升华到一个完美的高度，这是西方人闻所未闻的，且在身临其境前会觉得是不可思议、难以臆断的。

我们知道，中国典籍上素有“礼仪三百，威仪三千”之说，即礼仪准则 300 条，行为准则 3000 条。一个民族在繁文缛节的重压下，竟能很好地繁衍生存下去，似乎是难以想象的。不过，我们很快发现，中国人早就把恪守礼节变成一种先天的内在本能，而不用后天去刻意学习，这跟他们对待教育的方式如出一辙。中华民族的先贤们，早已将繁文缛节潜移默化到中国人的日常交际中，而对于西方来说，礼节通常只适用于宫廷和外交往来。

当然，这并不是说，中国人的日常生活会被这些繁文缛节所束缚，而是说这些礼节要合乎时宜。如同每逢节日需要穿上盛装，中国人全凭一种准确的本能，就可以判断出什么时候、什么场合应该用到礼节。在一个需要用到礼节的场合，如果一个中国人不知道怎样做，那么他就会像一个受过教育的西方人偶然忘记 9 乘以 9 是多少一样，令人感到荒谬可笑。

西方人之所以难于接受中国的礼节，是因为我们心中早就有这样一个概念，即“礼节是某种善意的诚挚表达”。在西方，但凡是文明人，都会认同“个人的幸福就是全体的幸福”这一观念，但中国人的礼节却推翻了这个观念。像所有的技艺表演一样，中国人表示礼节时并非发自内心，而是出于整个复杂心态的个体部分的需要。他们制定和使用礼貌用语，完全是为了维护既定的尊卑关系。在西方人看来，这样做即使不令人发疯，也会令人不知所措；而在中国人看来，这样做不仅对维护社会秩序至关重要，还对调解人际关系起到了润滑的作用。上有其下，下有其上，上下有序，这样才能各就其位，万事亨通。这好比下棋，先走棋子的人说：“在下先走一步！”对方则说：“在下也走一步！”当一方要赢得一步棋的时候，会预先告知另一方说：“在下的士要吃掉兄台的卒，走到九宫中的象位。”这就是下棋，尽管一局棋的输赢不会因双方说了几句客套话而受到影响，但如果下棋的人不事先说出下一步棋的走向，就会使自己显得荒唐可笑。同样，如果下棋的一方不按照礼节回应另一方的棋路，也会被人们贻笑大方。对中国人来说，客套就等同于下棋，不懂得说客套话就等同于不会下棋。

同时，中国人讲究礼节的程度，会因为城乡分化而有所不同。一个乡下人，虽然他知道必须遵守礼节，但并不意味着他必须像城里人那样在礼节上有过细的讲究。即便如此，我们也必须承认，就算有很少一部分中国人不懂得怎样使用礼节，他们也比最有教养的外国人礼貌得多。在讲究礼节方面，外国人与中国人相比就如同襁褓中的婴儿。一般来说，外国人要想像中国人那样恪守礼节，除非他在中国有过长期的体验，并且要时刻谨言慎行，以防暴露自己的浅薄无知。正是由于西方人无法适应中国人礼节中的那些规矩，因而受过教育的中国人才会毫不掩饰地用轻蔑的目光看待这些“野蛮人”。就算西方人学会了中国那些辞藻美丽的礼貌用语，也依然表现得顽固无礼、麻木无知。

礼节就像是一个气垫，虽然里面空空如也，但它却能很好地减缓颠簸。同时，客观地说，中国人对外国人以礼相待，与对自己的同胞以礼相待一样，并不是为了顾及客人的感受，而是为了向客人表明自己是知书达礼的人。比如说，你到一个中国家庭做客，你原本不想喝茶，但主人偏偏为你生火沏茶，结果你被生火产生的烟熏得直掉眼泪，喉咙还被烟火呛得像吞了一碗苦药似的。至于客人乐不乐意，那跟主人完全没有关系，起码主人已经证明了自己是个懂得待客之道的人。再比如，你在乡下租了一间条件比较差的客房，房东认为他完全有责任把客房打扫一下，并象征性地布置一番。于是，尽管你已经进入房间了，但房东仍然固执地打扫着房间。你的眼睛被满屋的飞尘迷得很难受，你恳求房东别再打扫了，但他却置之不理、依然固我。也许，这就是《礼记》上所教诲的，待客的房间必须打扫，无论客人如何厌烦都要继续打扫。请客吃饭也是如此，这通常会让初来中国的外国人感到畏惧。饭局刚刚开始的

时候，主人会热情地给你准备一大堆食物，他自认为你肯定喜欢吃，而事实上你一点也不想吃，甚至觉得难以下咽。可是，如果你连碗筷都不动的话，主人就会不高兴地说，那就是你的不对。主人则认为自己待客有加，毫无失礼之处。当然，别人不会说主人有失礼之处的。如果外国人不懂得这些规则，那是他自己的问题，与主人毫不相关。

正是按照中国礼节上的规则，一位中国新娘去拜访一位外国夫人时，竟然背朝着这位夫人，往完全相反的方向行礼，以至于这位夫人既诧异又恼怒。事后，这位夫人仔细打听了才知道，原来那位新娘朝北行礼是因为中国的皇帝住在北边，她完全没有理会女主人当时正站在屋子的南面。既然这位外国夫人不清楚自己究竟应该站在哪个方位，那位新娘也就不必在乎女主人的感受了，反正她知道应该往哪个方向行礼就行了。

中国人的礼节通常体现在送礼上，在前面我们已经提过，这是给受礼人“面子”，而所送的礼物也都有固定的样式。一位外国人经常与中国人打交道，他总是收到装着油腻糕点的礼品盒。他根本不想吃这些糕点，但是送礼人却拒不收回。就算他被逼得走投无路而一再表示不愿接受，否则他只好拿去送给别人，送礼人也一样不会收回礼物。

中国人的礼节中并不反对人们“对礼物吹毛求疵”，比如受礼人经常会问购买礼物花了多少钱，而送礼人在跟主人告别时通常会说“给您添麻烦了”，“让您破费了”之类的客套话。

一位外国人应邀参加一次婚礼，看到宴席摆放着丰富多彩的糕点。婚宴进行中，有人给这位外国人端上来三块热气腾腾的糕点，可是这位外国人婉言谢绝了。令外国人意想不到的是，他的行为竟然给正常婚宴投下了一片阴影。原来，按照当地的习俗，每一个参加婚宴的客人都要送出一份礼钱。但中国人认为，直接跟客人说收礼钱是不礼貌的，于是就以送热糕点为托词。参加婚宴的其他客人都知道送糕点的用意，唯独这位外国人不明就里，以至于他拒绝吃糕点后别人也不便当场拿出自己的礼钱了。后来，这位外国人又应邀参加这一家的举办的另一次婚礼。有趣的是，婚礼主持人显然吸取了上次的经验，竟然不再以送糕点当作收礼钱的托词，而是直截了当地对客人们说：“各位嘉宾，请吧，这是放礼钱的地方。”

虽然中国人的礼节中有一些令人厌烦的繁文缛节，但是在社会交往方面，我们仍有必要向中国人学习很多东西，因为他们的礼节中有一套完整的规则。如果我们能保持我们的诚实守信，抛却我们的野蛮鲁莽，并在我们坚定的独立性中融入中国人的彬彬有礼，那么我们将变得更好。然而，许多西方人根本不能以这样的观念看待事物。笔者的一位熟人在巴黎住了很多年后回到伦敦，每当他见到朋友时都会脱帽鞠躬，这是他不知不觉中从巴黎带过来的习俗。有一次，他向一位朋友鞠躬时，被朋友嘲笑说：“老家伙，仔细看清楚了，这里没有你的法国猴子可耍！”

笔者要说的是，如果人们能够将东西方的精华融为一炉，能够在布满荆棘的中庸之道上安然前行，那该是多么的幸福啊。

第五章
漠视时间

当今发达国家中流行这样一句格言——“时间就是金钱”。现代社会日新月异，人们的生活也日趋复杂。一个职业人要在特定的时间内完成各种各样的工作，同样的工作量，如果由上个世纪（18世纪）的人来做，必定要花费更多的时间。蒸汽机和电力实现了现代化的变革，盎格鲁—撒克逊人以其身体素质，早就为这场变革作好了准备。

不管我们的祖先在除了吃喝玩乐、打架斗殴就无所事事的时代养成了什么习惯，时至今日，我们的民族依然具有冲劲儿，每个人都会被驱使着完成一件又一件的事情。

在问候语上，中国人和盎格鲁—撒克逊人之间存在着很大的差异。前者遇到熟人通常会问：“你吃饭了吗？”后者则习惯问：“你的事儿做得怎么样？”如同前者比较看重吃喝一样，后者认为“做”才是人的正常行为。由此可见，时间就是金钱，一定要争分夺秒，已经成为西方人的第二天性。而中国人则跟大多数东方人一样，做事情特别随意，不知道惜时如金，将大把的时间都浪费掉了。

中国人把一天仅分为十二个时辰，而且时辰间没有明显的界线，一个时辰意为一天的十二分之一。这样，他们习惯说的“中午”，指的是上午11点到下午1点之间的时间段。于是，我们经常听到中国人如此询问：“现在是什么时候？”或者问：“月上中天是什么时候？”这种问

法实在是含混不清，其实他应该这么问："现在是夜里几点钟？"

在中国的日常生活中，但凡涉及到时间的用语，大都是模糊不清的。中国人所说的"日出"和"日落"还算是比较清楚的，因为这两个时间段都用来指称太阳所处的纬度（还有经度）。但"午夜"就跟"中午"一样，并没有具体的时间所指。中国人通常靠"打更"来划分夜里的时间，但是只有最后一更才相对准确一些，因为这段时间恰巧在晨曦初现之时。即使在大城市里，每一更所指的时间段也长短不一。我们所说的便携式计时器——手表，绝大多数中国人都没有听说过。也有为数不多的中国人拥有手表，他们隔段时间还会将表擦洗一番，以保证正常运转，但是几乎没有人会根据手表所指示的时间来安排日常活动。中国大众往往根据太阳的高度来判断时间，并把太阳高度说成日上一杆、两杆或者三杆等。如果遇到阴天或下雨，看不到太阳了，就根据猫眼睛瞳孔涨缩判断时间。虽然用这些方法判断出来的时间不算精确，对于中国人的日常生活来说已经足够准确了。

中国人无法精确地测定出时间，也就导致他们无法充分地利用时间。根据西尼·史密斯所说，世上的人分为两类——大洪水前的人与大洪水后的人（挪亚大洪水以前的人，指老朽、旧式的人；之后的人，指现代、新式的人）。大洪水前的人尚未意识到麦修撒拉（《圣经》麦修撒拉，据传享年九百六十九岁之一老者，《创世记》五章二十七节）时代已经逝去，便一如既往地依照过去族长安排好的计划悠然生活、缓慢行事。相反，大洪水后的人恍然发现，人的年龄再也不可能达到数百上千岁，便逐渐地学会了抓紧时间工作，以便适应变得短暂的生命。

由此看来，中国人应该算是“大洪水前的人”。中国的说书先生，就是那些经常出现在茶馆里的说书先生，他们为了吸引并留住雇主而口若悬河、喋喋不休。每逢看到这种情形，就不禁让人想起英国诗人丁尼生（1809 ~ 1892，英国桂冠诗人）的一句诗：顾客出出进进，他却一直说个没完没了。演戏也是一样，有时候一场戏要接连演上好几天。当然，中国人演一场戏的时间是比不上泰国人的。据看过泰国戏的人说，泰国人演一场戏可以连续演上两个月。说实话，中国人的戏法确实技艺高超、妙趣横生，但是有个致命的缺陷——演员总是跟观众说一大堆听起来索然无味、冗长繁琐的开场白，以至于外国观众没等表演结束就后悔当初不该来了。

最让外国人感到畏惧的是出席中国的酒宴，那简直是没有时间尽头的宴席。菜肴的数量之多、花样之繁，大大超出外国人的想象范围。每一个参加过中国酒宴的外国人，几乎都会感到惊骇和绝望，而中国人却嫌酒宴所花费的时间太短了。对外国人来说，中国最富于悲剧性的格言是“世上没有不散的筵席”。那些应邀参加中国酒宴的西方“野蛮人”，总是寄希望于这句格言，盼望宴席赶快散掉，但是这句格言在中国酒宴上不是那么容易实现的。

从童年开始，中国人就习惯于按照大洪水前的成规行事。上学的时候，除了吃饭之际耽误一些时间外，他们一天到晚都在读书。无论是学生还是老师，都从未听说过其他教育制度。科举考试要持续几天几夜，每一级都相当难考。虽然大多数应试者都经历了这种不合理的考试制度，但他们却意识不到这种考试制度的不合理性，反而深信这样才能检验出人的知识和才干。

中国人的语言基本上属于大洪水之前的古老语言，要想完全融会贯通，估计得用活到969岁的麦修撒拉的毕生时间去学习。像古罗马人一样，古代的中国人早就意识到，只有自觉地学习本民族的语言才能有所收获，否则连读和写都不会。

中国人的历史也是属于大洪水之前的。它可追溯到太初时代，而且在这条混浊、舒缓、漫长的长河中，既有如同参天大树般枝繁叶茂的时代，也有如同枯朽草木般腐败凋残的时代。可以说，只有缺乏时间观念的民族，才会编写或阅读这样的历史；只有中国人的记忆力，才能容纳得下如此厚重的历史积淀。

中国人缺乏时间观念，还体现在他们的勤劳上。正如我们在《勤劳刻苦》一章中所讲的，中国人勤劳的内涵与盎格理—撒克逊人有明显的区别。那些曾经与中国的承包商和工匠一起建房子的外国人，有谁还想再度与中国人合作呢？这些中国人在日常工作中迟到早退，还总是歇歇脚、喝喝茶。他们从很远的石灰坑搬运灰浆时，居然用布袋一袋一袋地运。如果他们使用独轮车运的话，其工作效率可以以一抵三，但是谁也不这么做。一旦遇到一点小雨，他们还要借故停工休息。这样一来，只能是事倍功半，进度非常慢，以至于很难看出这帮人的“日劳动量”。我听说，一个外国人雇佣了几个中国木匠钉板条，但他嫌木匠们的工作进度太慢了，索性趁木匠们吃饭时自己动手来钉，结果他居然干完了四个木匠半天的活儿。

对中国工人来说，维修自己使用的工具通常要花费大量时间。不过，如果工具是外国人的，那就另当别论了。一件公用的工具莫名其妙地坏了，但没人承认曾经动过它。每逢这种情况，中国人就会宣称：“我们没动过。”这似乎成了他们的口头禅了。中国工人支脚手架时，只象征性地把杆和檩条插在墙中，用绳子捆绑一下，就算完成了。这样一来，整个工期都是在危险中度过的。

工作敷衍了事，而且毫无经验，中国工人大抵是这样。沙子、石灰和当地的泥土，原本都可以用，结果真用到的时候却不能用。雇佣中国工人的外国人为此感到很无奈，他活脱脱就像《格利佛游记》中所描写的那样，被一根根线牵制着，让他实在无力招架。我们不禁想起了一位广东的承包商，他是个大烟鬼，他对人们的承诺正像他的资金一样统统消失在鸦片烟雾中了。最后，我们实在忍无可忍，只得把他的罪状一条条罗列出来，跟他摊牌："我们早就告诉过你玻璃的尺寸，窗户你也亲自量过好几遍，可是你统统搞错了，这些玻璃一块也用不上。你做的门也没有合缝的，没有上一点儿胶。地板长度不够，数量也不够，还有很多节疤孔，质量根本不合格。"听完这番指责后，那位脾气温和的广东人可怜兮兮地看着我们，用一种文雅的语调抗议说："不能这么说，千万别这么说，这么说有失绅士风度！"

盎格鲁—撒克逊人缺乏耐心、容易急躁的性格，在中国人看来简直是不可理喻的。显而易见，中国人很厌烦我们这种性格，正如我们很厌烦他们缺乏诚信一样。不管怎么样，要想让中国人培养出做事快捷的观念和习惯，那是相当困难的。我们听说过这样一件事：在相距仅十二英里的两个城市之间，邮差竟然花费了好几天时间才将一包外国邮件送达。原来，他的驴子病了，需要休养，因而耽误了邮递的时间。可见，中国邮电系统的管理工作还停留在初步探索阶段，而且探索出来的模式也极其拙劣。

最使外国人气恼的是，中国人在社交访问过程中经常漠视时间。在西方国家，所有的社交访问都是有时间限度的，绝对不能超时。中国人则不然，只要主人尚未提出给客人安排食宿，即使客人已经累得疲惫不堪了，也要陪着主人一直聊下去。

中国人拜访外国人时，同样意识不到时间的宝贵。他们一坐就是好几个小时，并一直喋喋不休，就算该讲的都讲完了，也不告辞。一位杰出的牧师说过一句箴言："想见我的人，也是我想见的人。"假如这位牧师在中国待过，不管时间是长是短，他都会对这句箴言做出实质性的修改。当他与漠视时间的中国人相处之后，肯定会效仿另一位繁忙的牧师，在书房里醒目的位置挂上一条《圣经》中的格言："主保佑你离开！"不过，如果用这句格言来告诫一位正说得兴致勃勃的中国人，那无疑会给他的心里造成很大的伤害。他会突然间变得沉默寡言，很长时间不说一句话，其时间之长甚至可以消磨掉 10 个欧洲人的耐心。最后，他终于开口说话了。这时，我们就可以领悟到“上山打虎易，让你开口难！”这句谚语的真正含义了。

如果外国人都能像已故的麦肯齐医生看齐，那就好了。这位医生家里，经常有争相前来的中国朋友。这些“只来不走”的中国朋友，既浪费了麦肯齐医生的时间，又影响到他的工作，于是他便对他们说：“请随便坐，就像在自己家里一样。我正忙着工作，不能陪你们交谈，请见谅。”如果外国人能像一位学中文的学生那样率真直言，那就更好了。这位学生刚学会了几句汉语，就想跟老师试练一下。于是，下课的时候他大声对老师说：“开门，出去！”结果引得哄堂大笑，老师也差点气昏过去。

第六章

漠视精确

初到中国的外国人，对中国人的第一印象通常是千人一面。在外国人看来，中国人的相貌似乎是从“一个模子里刻出来的”，衣着总是以蓝色为主，双目呆滞无神，好像总在“盯着一个地方”，就连辫子也一模一样，如同一个豆荚的两粒豆仁儿。然而，无论别人怎么介绍中国人的特性，即使最缺乏观察力的外国旅客，只要他略加体验，也能意识到中国人千人一面的说法是不可靠的。两个地区，不管距离多远，口音上也会存在饶有趣味而又难以解释的差别。如果两个地区相隔较远，那么差别就更明显了，因而中国有很多“方言”。经常有人郑重其事地告诉我们，中国的文字写起来是一样的，但各地的人讲出来却有不同的发音。中国人的风俗习惯也是千差万别，所谓“十里不同风，百里不同俗”，这样的事例处处可见。不过，最为常见的差异当属计量标准的不统一。对西方人来说，只有制定了绝对一致的计量标准，才能保障生活的舒适。任何双重标准，都会令人厌烦至极，而中国人却乐于如此。

对中国人而言，两种货币单位、两种重量单位、两种尺度单位是自然而且稀松平常的事，根本没必要提出异议。如果问一个卖肉饼的人，每天能做多少张饼，他会说大概用一百斤面粉，至于这些面粉究竟能做多少张饼，就只能由问话人自己去猜想了。同样，问一个农民他那头牛有多重，他会告诉你一个比实际重量低很多的数目，并解释说这个数目并没把牛骨头的重量算在内。问一个仆人有多高，他会告诉你一个明显不合实际的数目。经过盘问，他才承认没把头部的高度算在内。原来，他以前当过兵，部队在分配挑担任务时只注重人的锁骨高度，因此，在说自己的身高时，他就习惯地忽略了头部的高度。一个乡下人的计量标准就更不可思议了，他声称他住的地方“离县城90里路”，经过一再追问，他才说那是往返的路程，实际上只有“45里路”。

在中国，最显著的计量不统一的事例，当属计算铜钱的方法。铜钱是中国唯一的流通货币，各个地区都采用十进制，这也是最简便的计算方法。理论上讲，一串铜钱应该是100个，但是谁也无法保证一串铜钱在所有的地方都是预想中的100个，除非特意计算一下。一串铜钱的数目，不同的地区各不相同，从100个到99个、98个、96个，再到83个（如陕西省会），最后一直降到33个（如直隶省东部），有的地方可能比这个数目还低。银子买卖中的称量，更是有过之而无不及。除非偶然巧合，否则没有两个地方的“两”是一样的。即使是同一个地方，也有许多种不同的“两”。这样的状况，经常让外来人摸不着头脑，只有那些专门从事银两买卖的人能免遭损失，其他人一概不能幸免。货币始终混乱，没有统一的标准，这不禁让那些诚实的人感到厌烦。不过，我们无力解决这种状况，只需知道这是中国普遍存在的事实就行了。

其他的计量标准也同样混乱。用来称量粮食的“斗”，不同的地方各有不同。如果谷物税收部门利用这种标准不一的“斗”横征暴敛，那么很容易引发政治动乱。好在，中国人是平和的民族，他们不会那么做。迄今为止，世界上大多数国家的计量标准都比较统一，“一品脱是一品脱，一磅是一磅”，而中国却“一斗不是一斗，一斤不是一斤”。更不可思议的是，

这种混乱不仅有理可依，而且遍及各地。比如，在盐业专卖中，就经常出现一些霸道的度量标准。盐商将十二两称为一斤（实际上是十六两为一斤），买盐的人付了十六两的钱，却只能得到十二两的盐。尤为可笑的是，这种不公平的交易居然是公开的，所有的盐商都这么做。买盐的人见惯了这种事，也就不较真了。他们清楚，这不能算作“欺诈”，只是盐业买卖中的“潜规则”而已。土地的丈量也存在这种情况，在某个地区的“一亩”土地，到另一个地区竟算为“半亩”。那些碰巧住在两个地区边界上的人家，就不得不准备两套丈量工具，以应付两地不同的田亩制。

来中国的外国旅客，往往不弄清楚当地“斤”的计量标准，就确定每斤粮棉的价格，这样做是很不保险的。同样，要想弄清楚某地每亩地的粮食产量，就要事先调查一下那里的“亩”所指的面积，千万不能忽略“亩”因地而异这个至关重要的事实。在距离的计量上也普遍存在着类似的问题，每个到中国的旅客都有这种实际体验。在中国陆地旅行的时，如果按里计量距离，那么就有必要弄清楚这个“里”是否“扩大”了。我们并不否认这种估算距离的方法也有一定道理，但是我们必须声明，这样计量既不精确也不统一。据我们所知，外国人普遍感觉到，离开中国的国道走上其他道路后，“里”就变“长”了。在国道上，每天能走 120 里路；在农村土路上，每天就只能走 100 里路；在山路上，每天仅能走 80 里。中国人也承认，他们是根据行走的难易程度测量路程的，而不是根据实际的绝对距离。按照这样的测量方法，如果有人跟你说山脚到山顶有 90 里，那么你就该知道这个里数连实际里数的一半都不到，因为爬到山顶的困难程度相当于在平地上走了 90 里。还有一件奇特的事情也与测量长度有关，即从 A 到 B 的距离不一定等于从 B 到 A，这与欧几里得的假定“等量之间彼此相等”毫无关系，恐怕得插入否定词进行修改。不妨举一个例子来说明这一点：中国有一条主道，里程碑上标示着从北到南长 183 里，而从南到北却是 190 里。奇怪的是，不论你往来几次，也不论你多么认真地记下里程碑的标注，事实总是如此。

写到这里，我们不禁想到在马伯先生的《中国西部之行》一书中有许多类似的事例，现引述于此：“中国人确定两地之间的距离，都是由往返两地的人们估算出来的。你询问不同的路人，他们给出的数值基本上也是不尽相同的。对于这样的事情，我们听说后简直不相信自己的耳朵。比如，很多人都说从 A 到 B 相距 1 里地，但从 B 到 A 却都说成 3 里地了。为什么会出现这种情况？当地一位学识渊博的人解释说，运费是根据每里付多少钱计算的。显然，请一位苦力把东西背上山顶，要付给他更高的报酬。但是，按照路的坡度来计算报酬比较麻烦，为了方便起见，就把难走和陡峭的路说得长一些。事情的原委便是如此，如今所有的旅行者都必须认可这些约定俗成的距离。但是，我反驳说：‘按照这个原则，夜里应该比白天的路程要长，阴雨天应该比晴天的路程要长。’那位学者赞同说：‘很对，确实应该这样。’诚然，这种原则对当地人是有益的，但却给外来的旅行者带来了不少麻烦。类似这种估算距离的事情还有一件：在平地上，1 里路被说成 2 里；不很陡峭的普通山路，1 里路被说成 5 里；陡峭难行的山路，1 里路说成 15 里。云南一个山区里有个善良的人，他习惯于把平地的实际距离说短，因为那里的平地很少。对于这种情况，旅行者千万不要大惊小怪，只要没遇到崎岖难行的山路，尽管把 1 里的普通山路当作 5 里来走就行了。”

立德先生在《长江三峡之行》一书中说：有一段水路，顺流而下是 90 里，逆流而上却是 120 里。他由此推算，3.62 里是常规的里，或者说 250 里等于 1 纬度。

与此类似的是，中国人不会认同“整体等于部分之和”这一公理，特别是在河道航行中。有人告诉你，此地距离前方某地 40 里。可是，你仔细分析之后，才知道这个“40 里”是由两个“18 里”组成的。让你哑口无言的算法还有：“4 个 9 等于 40，难道不对吗？”照这样算，“3 个 18”就应该是“60”。我们曾听说过这样一件事：一位政府邮差参加体育考试，没能在规定时间跑完规定的距离。他为自己辩解说：“这里的‘60 里’是‘扩大的’。”由于他的辩解合理，主考官便命人重新测量距离，结果发现实际上竟然是 83 里，此后就一直这样计算了。一座城市周围分布着好几个村庄，每个村庄离城 1 至 6 里不等，但是统统都叫作“三里村”。经常看到这样的情况，如果一段道路两旁有房子，即便这段路只有1里，村民们也会说有5里。如果你不相信，村民们会一本正经地向你保证，这段路确实有那么长。在中国，每个人都可以自作主张，制定符合自己利益的标准。造秤的人常常徘徊于大街小巷，依照顾客的喜好在秤杆上刻上秤星。于是，每一个生意人都有两杆秤，一种是用于进货，另一种是用于卖货。一杆现成的秤，除了旧秤之外没有人会买，因为市场行情在变，新秤的秤星也随之而变。类似这样的情况不胜枚举，我们看到后不必再大惊小怪了。

对年龄的计算也能体现这一普遍事实，尤其能体现出中国人的民族特性。根据一个人出生年的动物属相，就能轻易地推算出他的年龄，这是最常见的办法。不过，如果说一位老人七八十岁了，那么他充其量刚满七十岁。在中国人看来，一过七十岁，就属于“八十”岁的人了。要想弄得更确切一些，就要剔除笼统岁数中的那个“常数”。即使中国人想说出他的准确年龄，也只会透露下一个春节后的岁数，即虚岁。他们有一个根深蒂固的习惯，那就是喜欢以“十”为单位把岁数弄得很模糊。由此，我们经常听到中国人说他们“二三十岁”了、“好几十岁”了，但基本上听不到有人严格确切地说出自己的年龄。与此类似，中国人平时所用的极限数字也是比较模糊了，只不过其模糊程度只能延伸到“百”、“千”、“万”。即便有比这些模糊数字更为准确的表达方式，他们也没有兴趣去运用。一位熟人告诉笔者，有两个人花了“二百吊钱”去看戏，后来他又补充说:“其实是一百七十三吊，不过，这和两百串没什么区别，不是吗？”

一对外国夫妇在中国生活了多年，临回国的时候，他们的中国朋友送来两幅漂亮的卷轴。不过，卷轴不是送给这对外国夫妇的，而是要送给夫妇俩各自的老母亲——这两位老人的岁数一样大。第一幅卷轴上写着“福如东海”，旁边用小字标注着“恭贺受赠者已享‘七十福寿’”；第二幅卷轴上写着“寿比南山”，旁边也用小字标注着“赞美贵夫人已获‘六十荣光’”。这对夫妇对卷轴大加赞赏一番之后，小心翼翼地问:“明知道我们的母亲同岁，却称一位七十岁，另一位才六十，这为什么呢？”

结果，中国朋友给出了一个让夫妇俩啼笑皆非的答案：如果每副卷轴都同样写上“七十”，那就显得作者太缺乏创意了。

有时候，我们若想更加精确地了解情况，就必须正视中国人所讲究的社会裙带关系。一个前来询问法律事务的人告诉笔者，他“住”在一个村庄里，但是从他的叙说中可以听出，他其实是城里人。笔者经过盘问，他才承认，现在他确实不住在那个村庄里。进一步交谈之后，笔者终于弄明白了，原来那个人的家族，从祖上第十九代起就搬离了最早落户的村庄。笔者问他：“难道你不认为自己已经是城市居民了吗？”他简单而肯定地回答：“我们现在住在城里，但老家却是农村的。”还有一个人，特意邀请笔者去他的村庄参观一座古庙。那个人指着古庙，自豪地说：“瞧，那座古庙是我建造的。”仔细追问之后，笔者发现那座古庙建造于三百多年前的明朝，那个时期自称建古庙的这个“人”还在冥冥世界中呢。

学习中文的人，最先遇到的困难是，想让自己和别人区别开来，却找不到一个恰当的词语表明自己的身份。中国人的整个思维方式，都建立在一系列的假设上。他们无法理解的是，为什么西方人习惯把一切都弄得准确无误。中国人从来就弄不清楚自己的村庄有多少人口，而且根本就不想弄清楚。为什么要调查一个村庄的确切人口呢？对于这个问题，中国人感到匪夷所思。他们认为，用“几百”“好几百”或者“不少”，来概括一个村庄的人口，就足够了，完全没必要弄一个准确的数目，以前从没有准确过，将来也不会准确。中国人在数字上表现出的漠视精确这一特性，同样也体现在文字书写和印刷上。在中国，要想找到一本没有错别字的书，那是相当困难的。可是有时候，中国人使用的错别字比正确的字还要复杂，可见他们使用错别字并不是为了省事。之所以出现这种情况，是因为人们日常中习惯漠视精确。在文字书写方面，这种现象更为严重，一个字常被写成与之读音相同的错别字。犯这种错误的原因，要么是由于不认识，要么是由于不认真。

中国人漠视精确的特性，在书信的称呼上表现得最是一目了然。一封普通的中国家书，开头的称呼不外乎是，致“父亲大人”、“慈母大人”、“叔祖大人”、“贤弟大人”，等等。至于“大人”的姓名，中国人必须避讳，不能提及。据我们观察发现，中国人非常讲究实际，但他们的名字却一会儿写成这个，一会儿又写成那个，甚至还有其他写法。这样一来，我们看到名字后也分不清谁是谁，还得特意问一下。看来，中华民族在世界上真是独一无二的。最让人迷惑的是，同一个中国人竟然有好几个不同的称呼，分别包括他的原名，他的“号”，以及科举考试时专门用来注册的名字。正因如此，外国人总是把某个中国人当成是其他人。村子的名称也不确定，有时会有两三种完全不同的形式，但任何一种形式都未必是正确的。如果其中一个名称有了别名，那么就替换着使用；或者原名用于官方文件，别名用于平时交谈；有时甚至可以把别名当作形容词，与原名组成一个混合名字。

我们知道，化学分子式绝对需要精密的准确性，而中国人恰恰缺乏类似化学分子式那样的精确教育，这不得不说是一种遗憾。中国最早的化学家，很可能漠视数字的精确程度，一旦他将“一二十个微粒”与“好几十个微粒”混为一谈，想必会造成难以预测的严重后果。中国人和其他民族一样，可以在所有事情上都力争精确——甚至更为精确，因为他们天生就有无限的耐心。但是，就目前的情况来看，他们确实不够重视精确，有的人竟然不懂什么是精确。如果这种情况属实，那么我们可以得出两种推论：其一，我们查阅中国的历史档案时，必须充分考虑到他们忽视精确的特性，他们提供的数字和数量向来模棱两可，我们千万不要受骗。其二，对于中国人以“统计调查”为名而抬高的各种权威性材料，我们必须留心，因为中国人统计出来的数字往往是“整体大于总和”。当我们查阅完中国人“统计调查”资料后，就如同一位精明的苏格兰人意识到了“法律的不确定性”，对美国最高法院说这里有一种“对案件的最终猜测”。

第七章

善于误解

当一个外国人熟谙汉语并足以用汉语表达自己的思想时，他首先就会发现，中国人学习汉语非常有天赋，外国人是很难学会汉语的。让他倍受打击的是，他所说的汉语，中国人根本听不懂。于是，他更加勤奋刻苦地研习汉语。若干年后，他自认为以他的汉语水平能够与中国人谈笑风生或者讨论各种复杂问题了。但是，如果他遇到一个完全陌生的中国人，尤其是根本没见过外国人的中国人，那么他会像以前那样倍受打击。这是因为，对方根本就听不懂他所讲的汉语，而且对方很显然不想听懂他说的话。不难看出，对方纯粹没有留意他在说些什么，也纯粹没有跟着他谈话的思路走。对方只会打断他的话："喂，你说的话我根本听不懂。"对方这时会露出一种具有优越感的微笑，如同期待着一个哑巴开口一样。对方彷佛还在说："别指望人们能听懂你的话，你没有讲汉语的天赋，这不是你的过错，只是你的不幸而已。你应该承认自己的无能，不要再为难我们了。你说的汉语，简直就不知所云。"在这种情况下，这位外国人不可能镇定自若，他会勃然大怒地问："我此时此刻说的话，你能听懂吗？"听他说话的中国人却不急不躁，摇着头淡定地说："不，我还是没听懂你说的话。"

中国人容易误解外国人所讲的汉语，还有另外一种情况，那就是即便他们听清了你所说的每一个字词，但由于他们忽略了某些细节，因而也照样理解不透你的意思，甚至完全无法理解你的意思。比如，“外国人在中国”这个短语，我们需要把它加在“在这种条件下”、“有条件地”，“出于这种理解”等一大串短句中，但中国人却认为没有这个必要。中国人也不会注意句子的完整、时态的运用等，外国人却不得不注意，这种差异给中外交流带来了阻碍。

在所有与中国人息息相关的事情中，外国人最需要注意的是，不要在“钱”的问题上发生误解。当外国人为一件商品买单时（在中国人看来，这是外国人的主要作用），原本是一种将来时态，这时却变得像“军需物资”一样急需了。汉语中是没有将来完成时态的，也就是说没有任何描述什么事情将要在什么时间发生的时态，比如“你干完活之后，就会拿到钱”。这句话，中国人会简化成“干活，拿钱”。他们最主要的目的就是拿钱，根本没有“时间关系”这种概念。因此，中国人给外国人干活时，他们往往希望马上能拿到工钱，这样他们才有饭吃。这种情形，就好像他们不接受这份差事，就会没饭吃似的。

我们不得不反复告诫外国人：在中国做生意，千万要避免在钱上发生误解。谁收钱，谁不收钱，什么时候收，收多少钱，收的是银子还是铜钱；如果是银子，成色如何，重量多少；如果是铜钱，一串应该有多少个……这样的细枝末节，是没办法说得太明白的，但务必要注意。如果准备与建筑商、经纪人或者船夫订一项合同，双方要做什么事情，要承担什么责任，一定要事先说得清清楚楚，否则就可能变得一团糟。

“自作自受”，这样的事情在中国太普遍了，以至于引不起太大的注意。一位船夫或车夫受雇于外国人，

按理说应该依照外国人的要求行事，但他们有时却公然拒绝履行合同。在这种情况下，中国的车夫固执得如同他的骡子。那匹骡子躺在泥泞中，随心所欲地洗着快乐的泥土澡，任凭车夫挥舞鞭子使尽力气在它身上抽打，它也无动于衷。在骡子看来，车夫鞭子的威力就如同苍蝇在给它搔痒。触景生情，这一幕不禁使我们想起德·昆西对中国人的尖刻评论，他讥讽中国人天生“像骡子一样固执”。德·昆西的评论显然过于武断。其实，中国人并不是像骡子那样固执，因为骡子不会改变它的脾性，而任性的车夫却会随机应变。虽然受雇的车夫在执行雇主命令期间比较固执，甚至雇主警告他要扣掉他的全部“酒钱”，他也置之不理，但到达目的地要拿工钱的时候，他的态度就会 180° 大转弯，开始为自己在半路上的行为进行辩解，并向雇主赔不是。为此，外国旅客雇佣中国车夫和船夫时，通常会跟他们立下一个字据，这不失为明智之举，因为这样就可以避免留下容易造成误解的漏洞。

中国有句处世的至理名言，叫“事前说明白，事后无争议”。但是，事情远没有预想中那么顺利，即使你费尽心思订立了字据以避免造成误会，也可能会发生意外。外国人碰到这种情况时，无论他认为发生意外的原因是什么，最无可避免的还是钱所带来的麻烦。不管与你打交道的中国人，是受过教育的学者还是目不识丁的苦力，都具有在误解中取得优势的天赋，在这一点上他们是没什么区别的。他们就像寒冬的北风刮进门缝，像河水渗进船缝，迅速而不费力地在误解中占取优势。盎格鲁—撒克逊民族为了适应社会的需要，在某些方面也适应并发展了中国人的这种天赋。如同古波斯人身兼两种重要技能——拉长弓和讲真话，中国人很快就发现，盎格鲁—撒克逊人具有对敌人和朋友都同样真诚、公正的天性。对于中国人来说，这些品质就像犹太人曾有过的某种独特习惯一样可以利用。

对中国人来说，这些品质似乎就像犹太人曾有过的某种独特的习惯。犹太人在对台塔斯统治下的罗马人采取军事行动时，无论战事多么紧张，每隔七天都必定要休战一次。犹太人的这种习惯对罗马人是有利的，而盎格鲁—撒克逊人那种敌友不分的天性对中国人也是有利的。

在 1860 年之前的一个世纪里，西方人通过与中国人进行外交，深刻地体会到了中国人易于误解的习惯。在以后的年代里，中国人的这种习惯也没有消失。可以说，中国的外交史，就是一部执意误解又力图解释的历史。不管怎么说，中国人逐渐清醒地意识到，外国人是遵守诺言的。尽管一些个人和许多国家也有相反的例子，但他们同样坚定地相信外国人会公正地办事。基于此，就算中国人遇到了最顽固的外国人，他们也有办法针锋相对。“你是这样说的”，“不，我没说”，“但是我认为你是这样说的。我们都这样理解。不要以为我们是傻瓜，请付钱吧，是你自己说过要给的”，这就是中国人与外国人成千上万次争论的实质，中国人明白，外国人为了表现自己的诚实和公正是会付钱的。事实也是如此，百分之九十七的结果是外国人付了钱，其余三次中国人也会通过其他手段设法达到目的，结果其中两次成功地拿到了钱。

与中国人相处的日常生活中，时时处处都会发生误解，有经验的读者会发现，中国人易于误解的事情，如同水中的鱼群一般，其数目简直可以组成一个军团。你吩咐一个中国苦力把院子里的杂草拔掉，只留下正开始露芽的珍贵草皮，这样你就可以得到一片向往已久的草坪。可是，这个漫不经心的苦力就像一头粗心的笨牛一样，拿着锄头铲除了所有的

绿草。在他看来，荒地才能称得上干净。

可以说，中国人经常误解外国人的意思。你吩咐厨子到远处仅有的一个菜市场买一条鲤鱼和一只鸡，可是他没有买鱼回来，而是买了三只大鹅，还狡辩说这是你的意思。你吩咐一个中国信差，务必在收发室关门之前把一封重要的信件送到送到法国领事馆。信差回来后，居然说法国领事馆绝收那封信件，原来他把那封信送到了比利时领事馆，而这时法国领事馆的收发室已经关门了，那封信就这样耽误了。

他不“理解”你的意思。他不“理解”你。总之，中国人经常性地误解外国人的意思。

不幸的外国人很容易误解别人和被别人误解，笔者一位朋友的亲身经历可以很好地说明这个观念。这位朋友去访问一家中国钱庄，钱庄老板与他关系很好。起初两人相谈甚欢，当说到前段时间钱庄附近发生了一场毁灭性火灾时，这位朋友向钱庄老板道贺说：“谢天谢地，幸好大火没有蔓延到钱庄。”谁知，钱庄老板一下子变了脸色，义愤填膺地说：“你这是什么话，你这么说实在太无理了。”过了些日子，这位朋友才纳过闷来。原来，钱庄老板当时之所以生气，是因为这位朋友的话可以被误解为：一旦大火再逼近一点把钱庄烧了，那才是最不幸的。由此，即使是为钱庄老板庆幸，但话那么说也是犯忌讳的。

还有一件事，一位刚来北京没多久的外国人看到一群骆驼，发现其中有只小骆驼非常可爱，就对车夫说：“你回家的时候，让我的孩子出来看看这只小骆驼。他从来没有见过骆驼，等他见到了一定会非常高兴的。”车夫没有立即回话，似乎在在酝酿一项重大决定，过了好一阵，才慢条斯理地说：“就算你准备买下那只小骆驼，也不能如此抬高它，否决它准会死掉。”

有一次，笔者碰到一批准备参加礼拜的中国人，就跟着去了。在教堂里，布道者讲了一个故事。他描述了一位大将军来到门前。为了尽可能说得形象生动，布道者演戏似的模仿大将军仆人的口吻喊道：“门卫，开门，大将军来了！”令布道者无比诧异的是，他的话刚说完，一个坐在后排的人突然离开了，就像遭到了枪击一样。事后，布道者才明白，坐在后排的那个人完全是误会了。原来，那个人是教堂的门卫，由于他没有留意布道者的讲话，猛然听到有人叫他开门，就以迅雷不及掩耳之势冲了出去，以便迎接。

还有一个例子，中部某省的一位传教士，担心听众会误解他说的话，为了给听众留下清晰、深刻的印象，就用幻灯机放映出一只寄生虫。由于虫子的影像被放大了成千上百倍，并斜着映现于屏幕上，因而看起来类似于埃及的某种大鳄鱼。这时，一位观众以敬畏的口气，小心翼翼地说道："看啊，这就是外国的大虱子！"

第八章

拐弯抹角

心口如一、直来直去，怎么想就怎么说，是盎格鲁—撒克逊人向来引以自豪的思维习惯之一。当然，在正式的社交和外交场合，我们不可能完全按照习惯行事。不过，直来直去的天性始终支配着我们，只是在不同的场合表现得有所不同而已。

然而，不必与亚洲各民族接触太久就能够发现，他们的天性与我们截然不同——实际上是完全相反的。我们不像亚洲人那样，语言中总是带着累赘的尊称。在这一点上，亚洲某些国家的语言甚至比汉语更加复杂和麻烦。

我们不刻意强调拐弯抹角、迂回曲折，也不喜欢用委婉含蓄的方法表达原本很简明的意思，但中国人却恰恰相反。于是，在汉语中可以用多种词语表达同一种状况。比如，表达一个人的死亡就有很多种说法，但表达用语中没有一个词是粗鲁、不敬的。不论死者是皇帝还是苦力，都要使用委婉语来表达，只不过针对不同的死者使用委婉语的形式有所不同而已。在这里，我们姑且就事论事，不赘述语言的准确性。如果人人都向往“直来直去”，并且知道别人也在这么做，那么这就与语言的准确性没关系了，而是方法的问题。

一个外国人，即使他与中国人打交道的时间不长，也能得出这样的结论：仅仅与中国人泛泛而谈，是不可能理解他的意图的。不论一个外国人如何地精通汉语，甚至连俗语也听得懂，还能把听到的话写下来，他也不能完全理解中国人的意图。这是因为，讲话的中国人根本就不想直抒胸臆，而是将一些与此相关的事情，希望你从中推断出他的意图。

一个外国人精通汉语后，还要锻炼自己的推断能力，这才是与中国人成功交谈的关键所在。然而，不论你怎么努力，一样会捉襟见肘，因为推断能力远远赶不上实际需要。为了说明中国人善于拐弯抹角，让我们从周围的人当中举一个例子。这些人是我们初来中国时最早接触到的，他们称得上是整个中华民族的代表——他们就是我们的仆人。

一天早晨，男仆显露出一副无精打采的样子，对我说他的“一位舅妈病了”，因此，他不得不请几天假去探望舅妈。从他的请求中，我们可以大致推断出这位仆人的舅妈并没有生病，或者他根本不会去探望他的舅妈。换个说法就是，这位仆人很可能跟厨师闹了不愉快，而厨师的威望比他高，因而他只好走人，拐弯抹角地暗示自己在厨师面前甘拜下风。

一个人帮你办成了一件事，而你又不可能立即付钱酬谢他，事后你给他送去酬金时，他会礼貌地婉言谢绝。他会说为了这样一件微不足道的小事而接受酬金，是有损“五常”（即仁、义、礼、智、信）的。如果你坚持让他接受，他会说你看错了他，这是对他的侮辱。这是什么缘故呢？第一种可能是，他嫌你给的酬金太少，他像奥利佛·特威斯特那样，想要更多的酬金。第二种可能是，他暗示你现在或将来尽你的能力，给他更想要的东西。如果他现在接受了你的酬金，以后就不好开口了。因此，他宁愿暂且把这件事搁下，等以后有了好主意时再说。

中国人谈到切身利益时往往是很谨慎的，而谈到别人的利益时，出于怕得罪人、怕惹起麻烦的心理，就更加谨慎了。虽然中国人喜欢夸夸其谈，但是他们知道哪些场合不宜口若悬河。特别是碰到外国人在场时，他们通常会沉默是金、守口如瓶。在多数场合下，我们周围那些不露声色的人会给我们一些“指点”，以至于我们待人接物要有所顾忌。然而，除非他们明显看出适当说一些话对自己有好处、没有危险、会受到保护，否则，他们会一直沉默寡言下去，保持一种难以测知的冷漠。

中国人决定把不好的事情告诉别人的时候，他们的言谈举止会变得很有趣。原本，有些事情已经不是什么秘密了，甚至可以坦诚无误地讲出来，但讲话的人仍然以一种拐弯抹角、迂回曲折的方式，隐晦地暗示这件事情万万不能说。他先是一脸慎重地看看四周有没有人偷听，似乎在担心有间谍隐藏在附近。然后，他竖起三根手指，将声音压低到神秘的

耳语状态，含混地暗示他准备说出来的那个人是某家的老三。接着，他支支吾吾地开了个头，窃窃议论几句，表明事情的严重性。可是，就在即将说出事情的关键所在时，他突然打住话头，连事情发生的原因也不进一步交代，就意味深长地点点头，似乎在跟听他讲话的人说："现在，你已经听明白了，对不对？"在整个过程中，那些可怜且不开窍的外国听众，还是一头雾水，什么也听不明白。传达事情的人说到这分儿上，是不会再继续深入地说下去了。如果你还想追问，他会对你说，总有一天你会意识到我所讲的这件事情是完全正确的。

中国人和其他民族一样，都有这样一个特点：希望尽可能长时间地隐瞒坏消息，即使到了必须透露的地步，也要加以掩饰。但是，中国人的掩饰程度未免太过强烈了，以至于让我们感到诧异，并觉得这是毫无必要的。我们曾听说过这样一件事：一位慈祥的老奶奶与两位朋友不期而遇，这两位朋友是专程来向她报告她孙子的死讯的。当时，他们正在低声商议如何向老奶奶说出噩耗。可是，他们见到老奶奶后，却反复强调他们只是在闲聊，尽管半个小时之后，消息就尽人皆知了。再说一件事：一个离家数月的儿子归家时途径一个村庄，该村的一个朋友劝他赶快回家，不要再逗留去看戏了。从朋友的话里，这个儿子推断出自己的母亲

去世了，等他回到家后事实果真如此。还有一件事：一个中国人委托我们将一封信转交给远在千里之外的另外一个中国人，信的大意是：那位远在千里的人的妻子突然离世了，邻居们见他的家无人看管，就把他家的东西都拿走了，而这些东西理应留给他这个凄凉人。但是，这封信的封皮上却写着几个醒目的大字：平安家信！

中国人善于拐弯抹角，还经常表现在该使用数字的地方却弃之不用。比如，一部书分为五卷，每一卷都不用数字标注，而是按照“五德”中的“仁、义、礼、智、信”这种既定顺序来排列。《康熙字典》多达四十多卷，但每一卷都不像西方人所预想的那样用数字来排列，而是按照天干地支的顺序来编排。在考场上，每一位考生单独居住的房间，也不按照数字排列，而是按照《千字文》中的上千个字来进行标识。

另外说一个例子，在中国已婚妇女的称谓问题上，其家族成员和族外人士对其称谓的麻烦程度，也足以显示出中国人的拐弯抹角。中国人称呼已婚妇女时不用原名，而是将她丈夫的姓和她娘家的姓合起来称呼她，通常是“某某氏”。比如，一个你所熟悉的中国人跟你说：“小黑他妈妈生病了。”也许你从没听说过谁家有个叫“小黑”的孩子，但是他却以为你一定知道。在没有孩子的家庭，称呼已婚妇女时就更加复杂了，这样的妇女可能被称为“小黑她婶子”，或者是其他绕来绕去的称呼。对丈夫的称呼也是如此，上了年纪的已婚妇女会随口称自己的丈夫为“在外的”，意思是指那个在外忙生计的人。年纪尚轻且尚未生育子女的已婚妇女，称呼自己的丈夫时就困难多了，因为她找不到合适的词汇来暗示夫妻关系，有时索性就称丈夫为“先生”。有一次，我们看到一个妇女实在想不出合适的称呼来，干脆用丈夫干活的地方当作称呼——“油磨坊是这样说的”。

一位著名的中国将军率军赶往战场，途径一片沼泽地时，他突然停下来向水里的青蛙鞠躬。他之所以做出如此怪异的行为，是因为他希望士兵们明白：只有像青蛙那样英勇，才是值得赞美的。普通的西方人自然能推测出来，这位中国将军是在鼓舞部队的士气。但是，对于那些与中国人患难与共的外国人来说，要想弄明白中国人的言谈举止，仅仅靠一点推测能力是远远不够的。

中国的春节，是每年一度的借债、还债时节。某年春节期间，一位中国朋友前来拜访笔者。这位朋友一见到笔者，就马上做了一连串暗含深意的手势，他指了指天，指了指地，指了指笔者，又指了指他自己，然后站在当场一言不发。虽然我很愧疚地对他说我不懂他的意思，但他还是一言不发。他认为，他所做的那些手势，完全能让笔者明白他的意思：他想跟笔者借点钱，并且希望笔者保密，只能天知、地知、你知、我知。

关于手势所暗示的意思，还有这么一条。中国俗话中的“吃、喝、嫖、赌”指的是四种最常见的恶习，现在有些中国人又多了一种恶习——抽大烟。基于此，人们说话时偶尔会举起一只手，五根手指全部伸开，暗指“五毒俱全”，意思是说此人或某人沾染了全部五种恶习。

中国人的礼仪过于复杂，以至于人们稍不留意就会冒犯到别人，这也是中国人善于拐弯抹角的例证。这样的事情，在我们看来是十分荒谬的。比如，叠信的时候，如果没把一个人的名字提升一行，即使是无心之失，也会被当成故意冒犯。这样的失误，简直就是对别人的侮辱，其严重程度要超过英语中不用大写字母拼写一个人的名字。在社交场合中一言不发或者说话没说到点子上（个别不能讲话的场合例外），就像是没有到规定地点迎接宾客或者没有根据宾客的身份相送一样，都算是对别人的一种侮辱。类似的规矩非常繁多，稍不留意，就可能被别人当作是一种隐含的侮辱。每逢这种情况，中国人一眼就能看出来，而可怜无知的外国人无数次成为被侮辱的对象，竟然毫不知情，甚至还会误以为受到了特殊的礼遇。

中国人因生气而恶语相向时，也不忘发挥各自的文学天赋，会用文雅的暗语快意地传达恶毒的辱骂。其暗讽水平之高，竟然令被骂者不能当场体会出来，只有事后仔细琢磨才能知晓其中的含义。这种暗讽，就像是包着糖衣的苦药，吞下后才会感到恶心。比如，“东西”并不是字面上的东西方向，而是喻意为一样物品，称某个人为“东西”就是辱骂了。同理，若说一个人不是“南北”，意思就是此人“真是个东西”。

即使是最没文化的中国人，也能凭空虚构出貌似合理的借口，以便保住自己的面子。他们那种即兴创造的能力，在我们看来实在是高超。不过，中国人找借口已成了司空见惯的事，人们通常不会细究。如果外国人对中国人的借口紧追不舍，那么他将被中国人弄得摸不着头绪；中国人会跟他毫无边际地闲谈，一会儿天上、一会儿地下、一会儿水中，把事情说得越来越复杂。即使中国人被追问得走投无路了，他也有坚定的信心保证自己处于不败之地。这时，他干脆装做什么都不知道，把自己的无知当作挡箭牌。无论怎么追问，他一概说："不知道，不明白。"这样的回答，就像仁慈的上帝一样，帮他掩盖了所有的借口。

关于中国人善于拐弯抹角的话题，从每天发行的北京《邸报》上，就能够找到很多论证的材料。古语讲的"指鹿为马"，在《邸报》上运用得可谓淋漓尽致。"事情远没有表面上看到的那么简单"，在《邸报》上也体现得相当透彻。中国人不喜欢讲出事情的来龙去脉，而任凭别人去揣度猜测。这种行为方式，在中国官员的生活中最能体现出来，因为他们的拘泥形式与矫揉造作已经登峰造极了。看看《邸报》的头版新闻吧，当上面全是关于年老的满清官吏渴望退出官场，以及他们正遭受着各种痛苦的报道时，这意味着什么呢？当他们的请求遭到拒绝，不得不重回官场时，这意味着什么呢？当一些煞有介事的长篇奏折被当作材料披露出来时，这意味着什么呢？当一位被指控犯有重罪的高官最终判为无罪，即便有些罪过也无足轻重，这意味着什么呢？难道是因为起诉人的影响力不够，或者是被指控的官员确实没有犯罪？凡此种种，谁又说得清楚呢？

我们坚信，每一个认真读过《邸报》同时读过报上每一篇报道的人，都能够透过报道理解其中的言外之意，并得出相对正确的结论，这比读完中国所有的著作还能更多地了解中国。但是，迄今为止，所有外界的野蛮人对中国的理解都没达到这种程度，他们尚处于“仅凭其言，了解其意”的地步，片面地以为这就是真实的中国人。这样做，我们会遗漏很多东西。难道我们没有理由为此感到担心吗？

第九章

顺而不从

我们了解中国人的性格，最初是从我们的仆人那儿开始的，他们是我们的第一任老师。当然，他们并没有意识到这一点，而我们对他们也不怎么满意。但是，从他们身上获得的经验和教训却令我们终身难忘。随着对中国人的了解日益加深，我们发现，尽管仆人只是中国狭小个体的代表，但在与仆人的交往中所得到的结论，依然可以得到更加广泛的确证，因为每一个中国人在某种意义上都是其整个民族的缩影。

这一章要讨论中国人的一种性格——顺而不从，虽然这个标题在字面意思上互相矛盾，但却是一个最恰当的措词，很容易使人们明白我们要讲什么。

侨居中国的外国人所雇佣的众多仆人中，没有任何人能像厨师那样，主导着全家的和睦与安宁。刚上任的厨师，女主人叮嘱他哪些事应该做、哪些事不应该做时，他恭顺得俨如服从的化身。对家里已有的规矩，他诚恳地表示赞同。这样一来，即使他没有赢得女主人的信任，起码也给女主人留下了不少好感。

女主人特意举例告诫他说，前任厨师有一个坏习惯，面还没发好就做成面包坯放进烘箱里烤。她多次与前任厨师发生争吵，劝他改掉这个坏习惯，但前任厨师却屡教不改，最后她只好把前任厨师解雇了。

现任厨师听后立即表示，无论他有什么缺点，都不会是犟头倔脑的人。为此，女主人感到很高兴。女主人还提醒现任厨师说，厨房里不允许有狗和杂七杂八的人出现，更不允许抽烟。现任厨师说，他讨厌狗，也不会抽烟，他是一个外地人，城里的朋友并不多，而且他的朋友们没有一个是好吃懒做的恶俗人。接受了女主人的一番叮嘱后，现任厨师便开始履行职责了。可是没过几天，女主人就发现，现任厨师与前任厨师一样，根本就发不好面，这两位厨师的作风简直像“亲兄弟”。更为糟糕的是，经常有杂七杂八的人来找现任厨师，有的人还带着狗进门，而且他们大都会吸烟，弄得厨房一片乌烟瘴气。

女主人找现任厨师谈话，他坦率地承认烤面包时没有发挥出最佳水准，并强调在揉面方面他是很讲究的；至于厨房里那些杂七杂八的人，肯定是院里那位苦力的“哥们”，但他们从不养狗，而且他们早就走了，不会再来了（事实上，第二天他们又来了）；而厨房里的烟气，大概是从隔壁人家吹过来的，因为那家的仆人全是烟鬼。现任厨师自诩是个明事理的人，他没有什么需要改正的，也便不知道怎么去改正了。

类似的事情也发生在苦力身上，给他一把锃亮锋利的外国镰刀，让他去割草。他面带着笑容接过镰刀，表示听从安排。但是，他干活的那天下午，使用的却是一把柄短、钝滞、长约四寸的中国式旧镰刀。看他那副样子，似乎在说：“旧的用习惯了，更好用。”给洗衣工提供了一台外国洗衣机，以便他洗起衣服来省时省力又省肥皂，而且洗出来很干净。还给他提供了一台甩水机，既能快速地甩干衣服里的水分，又不会损伤衣服。结果，洗衣机和甩水机都成了“没用的废物”，洗衣工竟然弃之不用，而是手工搓洗衣服，最后把衣服弄

出了很多破洞，甚至弄成了碎布条。要想改变这种状况，看来只能以时刻监督他们为代价了。

围墙坏了，你吩咐园丁用手头的砖坯把残壁修好，但他认为在残壁上插上一些树枝会更好一些，便按自己的想法做了。当你气愤地质问他时，他会给你讲诸多道理，来证明这样做的优越性。你准备将一个包裹送到很远的地方，便雇了一个信差。头天晚上，你把包裹交给信差，希望他第二天一早就出发。可是，直到第二天中午，信差依然在胡同里逗留着。你派人把他叫过来，问他为什么还不出发。他却告诉你，他必须耽搁一天先把袜子洗好。雇用一个按天计费的马车夫，同样会使你有类似的感受。你告诉他按照特定的线路走，其他马车夫也经常走那条线路，他爽快地答应了。可是，他带你走的却是另外一条完全不同的线路。你质问他为什么不守信，他反驳说，他刚从别人那里听说那条线路不好走。

如上面所说的厨师、苦力、园丁、马车夫一样，很多中国人根本不相信我们的判断，他们只相信自己。

在外国人开的诊所和医院里，这样的事情也层出不穷。医生认真地给病人做了检查，随后开了处方，并反复叮嘱他服药的方法和时间，希望他千万别搞错。病人担心弄错，特意往返两三次问了个明白，才安心离开。可是，病人一到家，就把医生的嘱咐忘得精光，竟然一口吞下了两天的药量。他认为，疗效的好坏肯定与药量的多少成正比。还有一件事，医生给病人开了一贴药膏，并一再告诫他贴上后不要急着揭下来。可是，病人没有听从医生的告诫，因为他不想变成一只“乌龟”，让一层类似硬壳般的药膏粘在皮肤上。另外说一件令人不愉快的事：在一个诊所里，一个不认识字、不懂药名和病症的助手，他提出来的观点对于病人来说，也等同于拥有多项医学头衔的医生所提出来的观点。一旦病人听从了诊所助手的观点，就可能完全无视医生的嘱咐，采用一些危及生命的办法来治病。这样的事听起来确实不舒服，但无疑也是证明中国人顺而不从的很好的例子。

至此，我们谈到的中国人顺而不从的例子，都是外国人所经历的。因为这些事最先引起我们的注意，与我们最实际的利益息息相关。然而，我们越是深入观察能够反映中国人真实素质的人际关系，就越会感到中国人“表里不一”的状况确实相当普遍。中国仆人对中国主人也像对外国主人一样，顺从而且极力讨好。但是，中国仆人毫无自知之明，意识不到自己不能自行其是，因此，中国主人也从不要求中国仆人唯命是从。外国雇主恰恰相反，他们要求雇员严格按照安排办事。如果雇员不听从安排，雇主就会一直给他们脸色看。笔者的一位朋友有许多仆人，他们既极端忠诚又极端顽固——这样使他们成为既不可缺少、又令人讨厌的人。这位朋友每每谈起这些仆人，就会面临一个两难的选择：是解雇他们，还是给他们加薪！这种选择，其他雇佣了中国仆人的外国人也经常遇到。中国主人则不然，他情知仆人们极可能将他的指令撂在一边。于是，他会预先做好准备，阻止这种不可避免的结果，就好比有人为了还债而有所储蓄，又好比机械学里的留些空隙以减少摩擦。

中国的各级官员在与同僚或者上级相处时，也或多或少地会做出无视命令的举动。违反上级的命令，不外乎这么几种原因：比如，个人懈怠、朋友情面，最有效的是金钱的魔力。一个地方官，命令仆人用水车去几里外的河里打水，因为他居住地的水有咸味。但是仆人并没有按部就班地听从命令，只到一个他知道有甜水的村庄去打水，这样既满足了官员的需求，又节省了三分之二的路程。即使这位官员知道仆人没有服从他的命令，但只要有好水喝，他也就不再追究了。这应了中国的那句话：“会捉老鼠的猫，就是好猫”，成功才是最要紧的。

中国人天生害怕得罪人，因此，为了避免无端惹出乱子，就算有五百人知道内情，也不会有人去报告。有一个典型的例子，让一个中国仆人把蓄水池里的水倒进容器以备后用，他却把水全部倒进了井里。这样，他表面上是俯首听命了，但在实际效果上却适得其反。雷尼博士说过一件事：一个厦门官员把一份公文剪成两部分，又把后半部分放到前面，这样读起来就很费解，而他的目的就是不让别人读懂。中国官员在与外国人打交道时，经常使用这种伎俩，因为他们不想使外国人满意。

在中国，经常发生规避策略与法律制裁相冲突的事情。某位行政官判处一名罪犯戴两个月的木枷，只有到晚上才能卸下来。但是，只要这名罪犯在“最关键的地方”明智地花点钱，行政官的命令就可以打折扣了。犯人只需在行政官出入衙门时带上木枷装装样子，其他时间都可以解除这个令人厌恶的负担。那么，行政官难道不知道贿赂可以使判决无效？他是否应该突然杀个回马枪，以便找出违背命令的明显证据呢？他没有这样做，他明白判决一经宣布，就不会得到重视。因此，他早就把服刑期延长了一倍了。外国人经过不断观察，发现类似的事情有很多，这全是由中国各部门官员之间错综复杂的关系造成的。上级指示下属说，要注意采取某个措施，下属尊敬地报告说，已经采取了这个措施。而在实际上，这期间什么什么措施也没有采取。在许多情况下，事情就到此结束了。但是，如果上级不断施压，而且命令很急迫，下属就会把这种压力转移给再下一级的官员，并把上级的指责转嫁过去，直到这种压力全都耗尽。随后，一切又恢复如初了。结果也就可想而知了。

对某些人来说，中国人无疑是最“固执”的，我们用“顺”这个形容词去描述中国人“不从”， 似乎显得特别不恰当。然而我们必须重申这个信念：与盎格鲁—撒克逊人相比，中国人绝对不能算作最固执的民族。我们之所以说他们“顺”， 是因为他们像骡子一样“倔强”的性格中带着一种依顺的能力，这正是盎格鲁—撒克逊人所缺乏的。

中国人能够不失风度地接受别人的指责，这正好说明他们具有“顺”的天性，而盎格鲁—撒克逊人早就失去了这门行为艺术，甚至从未发掘过这门行为艺术。每当你指出中国人的不足之处时，他们都能够耐心地、专心地、诚心地洗耳恭听，并高兴地表示赞成：“是我的错，是我的错。”也许，他甚至会感谢你善待了他这样一个微不足道的人，并保证将立即、彻底、永久地改正你给他指出的那些缺点。你非常清楚，这些动听的承诺不过是“镜中花、水中月”，他们根本不会去改正。但是，你仔细想一想，你要求他们做的，也只不过就是这些而已，并没有真的指望他们能去兑现承诺。

把中国人比作竹子，最恰当不过了，简直是一矢中的。竹子高雅、柔顺，而又空洞，可以用来做很多东西。东风一吹，它倒向西；西风一吹，它倒向东；没风的时候，它就挺立在那里。竹子是草本植物，草容易打成结，竹子纵然柔顺，却很难打成结。世上最柔顺的莫过于人的头发，它能够适当地拉长，但只要拉力一消除，它就立刻缩回去了。头发单凭本身的重量，可以倒向任何方向。许多人头上的头发，都有固定的生长方向，一般是不能改变的。一缕极不易梳理的头发，就像“牛舔过似的”，很难改变它的生长方向，因而只得顺着它生长的方向梳理其他头发。

如果把地球看作是人的头部，把各个民族看作是头上的头发，那么中华民族就是“古老的牛舔过的”那缕头发。它可以梳理、修剪，还可以剃掉，但仍然与以前一样，生长的方向不可能改变。

第十章

思绪混乱

我们把“思绪混乱”当作中国人的一种性格来谈论，并不意味着只有中国人才是这样，或者所有的中国人都类同于此。从整体上来看，中华民族的智力并不低下，也没有任何衰退的趋向，他们有足够的能力屹立于世界民族之林。同时，应该牢记这样一个事实，由于中国的教育尚未普及，因此，那些没有受过正规教育或者根本没受过教育的人，在使用中国语言时往往出现思绪混乱的现象。用律师的话来说，这是一种“事前从犯”的罪行。

迄今为止，已经有不少人知道，汉语的名词没有形态变化，它们既没有“性质”，也没有“格位”；汉语的形容词不存在比较级，而动词则不受“语态”、“语气”、“时态”、“单复数”和“人称”的任何限制。很多时候，任何一个汉字的词性都可以通用，而且不会出现疑义，因为名词、形容词和动词之间没有明显的区别。

我们并非要抱怨说，汉语在传达人类的思想时词不达意，也不是说汉语很难或不能清晰地传达人类的思想（尽管这么说也有一定的道理）。我们只是认为，汉语的语言结构就像夏季的酷热自然而然地引发午后的昏睡一样，会造成“思绪混乱”。

跟一个没有文化的中国人交谈，要想听明白他所表述的意思，那是相当困难的。他的话时常只有一些宾词，这些词错综复杂地编排在一起，如同悬棺那样无所依傍、不着边际。说话人心里认为，有没有主格并不重要，他知道自己在说什么就行了，但他从没考虑到，那些外国听众能否理解他说的大略要领。值得注意的是，即使让经验丰富的内行猜测者补上中国人讲话时缺失的主语或谓语，你也一样听不懂讲话者的意思。这是因为，讲话者常常省略掉全句最关键的词，让人找不到任何头绪。讲话者话题的主语发生改变时，他也不会在态度、声调、句式以及相关细节上予以提示，以至于你会突然发现，他已经不像几分钟前那样谈论自己，而是莫名其妙地谈起了他道光年间的祖父。至于他是怎么说到那儿的，又是怎么说回来的，我们实在无法猜测出来。令人称奇的是，他每天都在表演“这种得心应手的绝技”。对中国人来说，在没有预先提示的情况下，毫无征兆地从一个话题跳到另一个话题，从一个人物谈到另一个人物，从一个世纪谈到另一个世纪，是司空见惯的事，就如同一个人正盯着玻璃窗上的昆虫，同时可以顺着视线看到远处山上的牛群。

汉语的动词没有时态变化，没有反映时间、地点变化的标记，这是毋庸置疑的事实；更不可否认的是，他们的思绪时常处于混乱状态。在这种情况下，可怜的外国人对中国人的谈话内容很感兴趣的话，就得像边远地区的猎人那样，在没有路的森林中用斧头“开拓”出路来，最好的做法就是开始提出一系列问答式的询问。“你谈到的这个人是谁？”这个问题弄明白后，还可以接着问，“在哪里？”“什么时候？”“这个人做的是什么？”“他们怎么处理这件事情的？”“后来又怎么样了？”每问一个问题，你的中国朋友都会满面疑惑、神色悲哀地看着你，似乎在怀疑你是不是五官分离、心智出窍了。但是，采取这样的方式一直追问下去，才能像阿利蒂纳（古希腊神话中米诺斯

的女儿，她用丝线引路将提修斯从迷宫中解救出来）引领别人走出没有希望的迷宫一样弄清中国人讲话的原意。

对于没有文化的中国人而言，任何想法都会令他惊讶，因为他肯定一点心理准备也没有。他弄不明白，也不想弄明白。他需要花一定的时间活跃一下思维，以便进入新的状态。他的心智如同一门锈迹斑斑的旧滑膛炮，架在腐朽的炮架上，瞄准前必须花费精力调整方向，而最终还是打不响。类似这样的情况时有发生，比如当问他一个简单问题："你多大了？"他会茫然地盯着问话的人，反问道："是问我吗？"你回答说："对，是你。"他精神一震，准备回击般地答道："是问几岁吗？"你说："是的，是问几岁。"他再次调整注意点，问道："真的要问我几岁吗？"你有点不耐烦了，耐着性子说："是，是问你几岁。"这时，他的心智终于正常运转了，干脆地说："五十八了。"

中国人思绪混乱的突出表现是习惯于用事实本身来解释事实。比如，你问一个中国厨师："你为什么不在面包里放些盐？"得到的解释只是："我们在面包里从来就不放盐。"再比如，你问一个中国城市居民："你们城里有这么多好吃的冷冻食品，为什么不留一点儿过冬呢？"他回答："这个么，因为我们这里的冬天从来就没有冰冻食品。"记得一位拉丁诗人说过："能够弄明白事情原由的人是快乐的"，如果他生活在中国，肯定会把这句格言改为："试图寻找事物原由的人，纯属自寻烦恼。"

中国人思绪混乱的另一表现是，他们无法原原本本地把一个人的想法传达给另外一个人。让A把一些事情告诉B，通过B再转告给C，这在中国是最不容易做好的事，因为A根本意识不到事情的重要性，因而没有把口信传到，就算最后口信传到了C那里，也会变得与原意大相径庭，以至于C无法正确理解。这就好比在一个复杂的机器里，指望三个齿轮会运转自如、互相配合，且不会产生损害产品的摩擦，那简直是异想天开。即使是那些智慧超凡的人，让他传达一个想法，而又不允许他在该想法上添枝加叶，那也是很困难的。这恰如一根直棍插入清水中，折射出来的样子肯定是扭曲的。

一个善于观察的外国人，随时随处都可能碰到这样的现象。你见某人行为反常，便问另外一个人："他为什么要这样做？"对方的回答是如此简要："他就是那样的。"在这种含混不清的回答中，根据侧重点的不同，既有表示疑问意义的"多少"，又有表示肯定意义的"几个"。试想，这样的回答是多么令人恼火。你问一个某人："你来这里多久了？"这人回答："我来了好几天了。"

在汉语所有具有歧义的词语中，最含混不清的当属人称（或非人称）代词"ta"，这个词既可以表示"他"、"她"，也可以表示"它"。有时，说话的人要表明话题的主语是谁，就含混地挥手指一指这个人居所的方向，或指一指这个人当前待的地方。但是，单音节的"ta"常被当作关系代词、指示代词或指定形容词来使用。在这样的情况下，中国人的谈话就像英国法庭上证人出示证词一样，按以下方式描述一场殴斗："他有一根棍子，他也有一根棍子。他打了他，他也打了他。如果他像他打他那样狠命地打他，那么他就会打死他，而不是他打死他。"

你质问一个擅离职守的仆人："刚才叫你，你为什么不来？"他像一个爱岗敬业的人似的，直言不讳地说："没什么理由。"这种思绪上的混乱，往往会引发各种各样滑稽可笑而又令人尴尬不已的举动，并激怒那些为人处世井井有条的西方学者。举个例子，厨师做饭时，总是用完手头最后一点儿作料，而做下顿饭时就少用一些必需的作料。你问他怎么回事，他会坦诚地说："作料用完了。"你质问他："那你为什么不及时买回来一些呢？"他漫不经心地回答："我没有去买。"话说到这个分上，你已经无法再跟他交谈了，只能干生气。再举一例，有人登门来要账，你不得不花很大的工夫打开保险箱，连零头都得细心地算好。随后，你俩坐下来，天南海北地聊了很长时间。突然，要账的人若无其事地说："除了这笔账目，你还欠我另一笔账目呢。"你不高兴地说："刚才我开保险箱时，你为什么不告诉我？那样就可以一次付清了。"要账的人淡淡地说："噢，我感觉这两笔账目之间没有任何关系。"还举一例，一位病人来诊所看病，花掉了医生大量的时间。看完病后，病人便走了。可没过一会儿，病人又折身回来了。医生告诉他，已经给他看过病了。他爽快而简要地说："我还有一个病没看呢。"

生了病不及时治疗，这恐怕是中国大众做过的最愚蠢的事——外国人通常都这么认为。当然，中国人也是有苦衷的，要么是因为有事要忙，要么是因为怕花钱。他们认为，忍受高烧一次又一次的折磨，要比花上 10 个铜钱买一剂能治好病的药物便宜得多。我们看到过很多令人痛心的病例，原本病人花不了多少钱就可以把病治好，但因为怕花钱而没有及时治疗，最后拖延到不可救药的地步。有一个人，住在离医院仅有半里的地方。在一次外出时，他不幸染上了眼病，可他希望眼睛能自动康复，便没有及时治疗。直到两个星期后，他因眼病疼痛难熬，才去医院看病。但这时已经晚了，他的一只眼因角膜溃疡而失明，再也治不好了。还有一位病人，因脖子上有一处溃疡，不得不去医院治疗。持续治疗了 18 天后，这位病人突然告诉医生，他的腿疼得让他彻夜难眠。医生给他检查后才发现，他的腿上竟然有个碗口那么大的伤口。原来，他打算治好脖子之后，再治他的腿。

中国人在日常生活中，经常做出类似上述那种事情，这不禁让人想起查尔斯·里德小说中的一句话：“人类并不缺乏头脑，而是他们的头脑有缺陷——思绪含混！”

中国的教育，无法使受教育者全面掌握一门学科并付诸实践。西方人普遍相信一件得到传教士证实的事情——即使经书上有天花病毒，传教士也不会染上。一般情况下，中国的狗是不会追捕狼的。即便看到狗追狼的情景，也可以发现那条狗实际上没有追捕狼，它要么朝着与狼相反的方向跑，要么朝着与狼成直角的方向跑。与此类似，中国人在追逐某个话题时，也总是偏离话题。他们可能会摆出一副深入探讨的样子，但最后还是偏离了话题。即使他们说得累了，也还是没有说上几句与话题相关的话。

中国是一个两极分化的国家。腰缠万贯的人和身无分文的人、学富五车和目不识丁的人混居在一起。成千上万的穷人盲目无知，犹如井底之蛙，只能看到天空中的一小片光亮，因而他们眼光狭隘、思绪混乱。他们中有很多这样的人——连 10 里以外的地方都没去过，也不寄希望于自己过上比周围的人更好的生活。在他们身上，根本看不到人类与生俱来的好奇心。即便他们获悉，有个外国人住到了离他们的居所不到 1 里的地方，他们也从未想过要打听一下这个外国人来自什么地方，身份是什么，从事什么工作。他们只知道勉力维生，除此之外，一无所知。他们不知道人类是否像人们传言的那样有三个灵魂，还是只有一个，或者一个也没有。任何事情，只要与粮价无关，他们就认为这件事情是毫无意义的。他们相信轮回转世，相信坏人来世会变成狗或虫子，相信自己死后会化为尘土，而灵魂——如果有的话——也会消散在空中。

在西方，也有一种类似中国人的所谓“务实的人”，他们的生活仅由两部分构成：一个是肚子，另一个是钱包。这种人是真正的实证主义者，他们无法理解自己从未见过、从未听过的事物，因而他们对一些事物完全没有概念。对他们来说，生活只不过是一连串的事实，而绝大多数还是不尽如人意的。一旦他们遇到事实之外的任何事物，就立即变成了一个无神论者、多神论者和不可知论者。只要给他们一些尊重或者施舍给他们一些食物，就可以满足他们的依赖本性。当然，这在很大程度上取决于他们周围的环境。他们认为，人的肉体可以超然于心理和精神因素而独立自主地生长发育。这种人完全陷入麻木无知的境地了，要想解救他们，唯一的办法就是给他们灌输一种新的生活理念，向他们展示基督教创始人所揭示的崇尚真理：“人是有灵魂的！”只有这样，“上帝的感召才会赋予他们智慧。”

第十一章

麻木不仁

对“nervous”这个词的各种不同用法，表现了现代文明一个很有意义的状态。这个词的原意是“神经的、坚韧的、刚强的、有力的”。它的引申义，也是我们如今最常用的意思是“有神经衰弱或神经疾病的，神经过于紧张的，易激动的，软弱的”。用于表述各种神经疾病处于不同阶段的专业术语，现在听起来像耳熟能详的日常用语。毋庸置疑，现代的文明使人们的神经过于紧张，神经疾病也比上一个世纪更为普遍。

但是，我们现在要说的并不是那些患神经疾病的人，而泛指西方人。这些人并非健康状况不佳，相反，他们通过各种途径不断提醒自己，神经系统是各种器官中最为突出的部分。简而言之，我们要说的是那些“神经过于紧张”的人，包括我们所有的读者。对于盎格鲁—撒克逊种族来说，生活在蒸汽机和电力时代的人们与生活在帆船和马车时代的人们的神经状况自然各有不同。我们的时代日新月异，是一个匆忙的时代，甚至没有闲暇吃饭，以致神经一直处于紧张状态。这会造成什么后果，完全可以想象得到。

我们这个时代的商人都有一种急切、焦躁的神情（至少在西方国家做生意的人是这样），他们好像时刻在等待一封能改变他们命运的电报——他们事实上常常如此。

我们头脑中的这种状态，会无意识地暴露在许多行为中。我们坐立不安、心情烦躁，一边谈话一边摆动铅笔，似乎此时此刻不写些什么，就永远来不及了。我们摩拳擦掌，好像准备执行一件需要耗费全部精力的严峻任务。我们拨弄着大拇指，或像野生动物那样迅捷地掉头回顾，唯恐忽略任何危险事物。我们感觉到自己应当马上去做一件事情，这样我们必须先尽快完成手头上更为紧要的事。我们的神经超常工作，不仅导致了诸如“拉琴痉挛”，“按键痉挛”、“书写痉挛”一类的病，而且在其他行为上表现得更为广泛。无论是时间的长度还是休息充分的程度，我们的睡眠都大不如前。我们时常被一些细微的响动吵醒，比如树上鸟儿的啼叫，射进我们昏暗房间里的一丝光线，风吹百叶窗的声响，人的说话声。一旦被吵醒，就别想再睡着了。我们把每天的生活都安排得很紧迫，以至于我们得不到充分的休息。在现今的时代里，有这样一种说法：除非银行行长与银行相拥入眠，否则银行就可能倒闭。因此，不难理解，在股东们获利之时，正是银行家倒霉之日。

至此，我们已把西方人日常生活中所熟悉的事实作了详细描述。如果西方人了解中国人后，就会感觉到他们生活状况之间存在强烈反差。解剖中国人的尸体可不是件寻常的事情，当然这类事情也曾发生过。但是，我们从来没听说过“黑头发”种族神经组织与白种人有什么本质区别。尽管与西方人相比，中国人的神经正如几何学家所说的那样——是“相似或者同位”的。但是，他们的神经紧张程度却远比我们轻微。

对于一个中国人来说，在一个位置上待多久似乎没什么特别的不同。他可以像个机器人那样整天地写个不停，如果他是个手工艺人，他可以从早到晚站在同一个地方编织、打铁或者干其他活儿。日复一日，他的工作单调得没有任何变化，而他显然也没有意识到需要有任何变化。同样，中国的学生也受到很多限制，长时间得不到休息，位置也没有什么变动。换成西方的学生，他们肯定会被逼疯的。我们的孩子几乎生下来就好动，而中国人的婴儿却安静得像泥佛一样。稍长大一点，西方的孩子会和猴子一起做出很多滑稽动作，而中国的孩子则往往很长时间一动不动地站着、坐着或蹲着。

对于中国人来说，体育锻炼是多余的，他们不能理解为什么外国人都喜欢外出散步。至于冒着生命危险，像“狗追兔子”的游戏那样在乡间跑来跑去，更是难以理解。一位广东教师问一个仆人：“那名在打网球外国女子跑来跑去，要付给她多少钱？”如果告诉他：“不付钱。”他根本不会相信。我们再说一遍：一个人完全可以雇用一名苦力帮他做一些事情，可他非要自己去做，这一点对中国人来说是无法理解的。即使解释给他听，他也理解不了。

中国人与西方人在睡觉方面也有不同。一般说来，中国不论在什么地方都可以入睡，那些可以把我们逼疯的干扰，对他们却不起作用。拿块砖作枕头，用草梗、泥土或藤做张床，他们就可以躺下来呼呼大睡，其他什么事情一概不管。他们睡觉时不需要房间里光线暗一些，也不要求别人安静。“半夜啼哭的婴儿” 尽管哭好了，根本不会吵醒他们。有些地区的人们，好像具有一种共同的本能一样（像越冬的熊），可以在夏日午后的前两个小时内同时入睡。这已经成为他们有规律的习惯，而且不论在什么地方，在这个季节的午后两小时里，对他们而言，整个世界就像凌晨两点一样寂静。不论是干活的人，还是其他什么人，睡在哪里都无关紧要。横卧在三轮车上，像蜘蛛一样脑袋朝下，嘴巴大张，甚至嘴里含着一只苍蝇——如果举办一场入睡能力的考试，那么在中国招募数以百万计——不，数以千万计的大军，将是轻而易举的。

除此之外，中国人对空气的质量也不讲究。我们可以看到，他们居住的地方没有真正意义上的空气流通，除非是一阵台风掀掉屋顶，或者是主人因为饥荒拆掉房子变卖木料。关于中国人住得过分拥挤的事情，我们已有所耳闻。但是，中国人觉得这种状况很正常，没有感到任何不方便。即便有那么一些不方便，他们也觉得不值一提。如果他们像盎格鲁—撒克逊人那样神经紧张并容易激动，那么他们就会像我们通常预想的那样悲惨。

中国人完全不受神经的控制，还表现在他们极能忍受身体的疼痛。对中国医院里手术情况有所耳闻的人都知道，中国病人忍受疼痛是普遍而寻常的事，他们忍受痛苦的程度，甚至足以令外国的壮汉望而却步。我们可以轻易地将这一话题扩展为一篇论文，但现在必须将之暂且搁置，看看乔治·艾略特在一封信中说的话："最高程度的召唤（显然，这是由于乔治被神学套话激怒，才用这种词语的）与选择是不用麻醉药，而眼睁睁地忍受疼痛。"如果乔治是对的，那么毫无疑问，大多数中国人都能达到他们感召与选择的境界。

布朗宁夫人曾说过："不抱感同身受地观察，只会造成曲解。"毫无疑问，这句话是对类似她这样杰出的女诗人以及具有敏感头脑的人来说的。但是，中国人似乎在别人的认真监督下，才会把工作做得更好。在那些外国人不常去的地方，只要有外国人出现，就会引来一群中国人。他们用好奇的目光盯着我们看，使我们一下子就感到厌烦。其实，他们只是不带任何情感地看，并不会给我们造成任何伤害。但是我们还是常常抱怨，如果不把他们赶走，我们也会"发疯"。对中国人来说，西方人这种本能的感情完全不可理喻。他们并不在乎有多少人观看他们，什么时候看或者看多久。如果有人反感别人观看，那么其他人就会怀疑这个人是否有病。

西方人不仅睡觉时需要安静，在生病时更是如此。如果他以前从不过分要求安静的话，那么他一旦生病了，就可以要求不受任何声音打扰。在这种情况下，朋友、护士、医生都会相互配合，确保为他提供康复所需的安静环境。如果康复无望，那么就会让病人处于比以往任何时候都要安静的环境中。中国人与西方人的习惯，在对待病人的态度上有最为明显的对比。某个中国人生病的消息一传开，就会受到来自四面八方的干扰；而且病情越重，干扰就越多。此时，没有人会想到安静，而且说来奇怪，也没有人表现出需要安静。探视病人的客人如此之多，每一个人都需要热热闹闹地迎送、招待。亲人因担心病人而发出的哭号声，和尚、尼姑或驱鬼巫师作法事的吵闹声，掺杂在一起，混乱不堪。在这种情形下，多数西方人竟然认为，病人与其饱受噪声干扰，还不如死了好。有位著名的法国夫人对前来探望的人说："我正在死去，请不要打扰，还望见谅。"对此，西方人都会抱以同情之心。而在中国，决不会有这种请求，即使有，也不会有人接受。

在这个纷扰不断的世界里，每一个角落的人都会感到担忧和焦虑。中国人不仅同其他民族一样饱受苦难，而且更为深重。中国许多地区，生活水平十分低下，有相当比例的人濒临死亡的边缘。只要雨水稍微减少，就意味着成千上万的人要饿死；只要雨水稍涨，就意味着成千上万的人被洪水冲毁家园。黎民百姓们很难幸免于官司的纠缠，一旦吃了官司，即使是完全无辜的人，也难逃倾家荡产的厄运。许多这样的灾难，不仅仅是说说而已，而且可以感觉到它们正悄然而至。对我们来说，等待一场不能预防并会带来可怕后果的灾难，是最恐怖的事情。中国人面对这种事情时，因为无力阻止，只得"眼睁睁地去忍受"，这正是这个民族最值得注意的现象之一。灾荒年月，成百上万百姓默默地死于饥饿，那些亲眼目睹这种惨象的人，更能理解其中的含义。要充分了解中国人，就必须亲历观察，但不论西方人观察到什么程度，都难以真正理解中国人，就像中国人很难正确理解盎格鲁—撒克逊人继承并发展了个人与社会自由的理念一样。

对我们来说，无论我们从哪个方面去看，中国人一直都是一个谜。

除非我们心中深信，中国人与我们相比，生来就“麻木不仁”，否则我们就更加无法理解他们。我们不想盲目猜测，这种意味深长的说法，对整个中华民族未来的影响以及与我们民族有什么关系——这一影响将随着岁月推移而增强。我们不想妄加猜测，但我们相信“适者生存”这条定律。在20世纪的各种纷争中，谁最适于生存呢？是“神经质”的欧洲人，还是不知疲倦、无所不往而又不急不躁的中国人呢？

第十二章

轻视外族

第一次到广州旅行的欧洲人很难意识到，这个商业中心与欧洲已有360年的贸易史了。在此期间，欧洲人与中国人打交道时，几乎没有表现出值得自己引以为豪的行为举止。无论欧洲人抱着什么目的来到中国，中国人对待他们的态度就像当初希腊人对其他民族一样，都把他们视为野蛮人，用对待野蛮人的方式对待他们。即使在中国的官方文件中，也习惯于将“蛮夷”视为“外国人”的同义词。直到1860年，在某个合约的条文中才明确规定，不得使用“蛮夷”一词指称外国人。

关于中国人对待西方外来民族的态度，我们必须认清这样一个事实：许多年来，中国人一直受到周围民族的奉承。尽管这些奉承只是些花言巧语，但中国人听着却很顺耳。如此一来，中国人就一直认为周边民族不如他们。

当他们发现同自己交往的外国人，也可以在威胁和哄骗下，满足中国人的要求时，就更加确信自己处于无比尊贵、优越的地位。直到北京被外国人占领，中国人才不得不改变处事的态度。从那时起，三十多年过去了，中国早已发生了极大的变化，中国人也终于认识到外国文明和外国人的价值。然而，任何一个公正耿直的观察者，无需与中国人进行广泛而亲密的交往也可以确信，中国人目前对外国人的态度，无论官方的或非官方的，都不能说是尊敬的。即使中国人实际上并不轻视我们，也会在交往中无意地表现出他们是在屈尊、恩赐我们。这就是我们目前所面临的处境。

最让中国人感到奇怪的是外国人的服装，我们并不认为自己的服装值得骄傲。的确，在我们看来，东方人的各种服装都显得很笨重、累赘，摆来摆去地限制了“人的自由”。但这是因为我们要求动作灵敏，而东方人则不同。当我们考虑东方人的服装样式是否适合中国人时，我们不得不承认，这种服装对他们无疑是再合适不过的了。但是，当中国人考虑我们的服装时，不仅不羡慕，反而要指责和嘲弄。东方人的服装要求宽松，宽松得可以遮住身体的线条。体面的中国男人不敢穿着短上衣在公开场合露面，而在中国租界里的外国人则时常穿着紧身短上衣。外国人的短上衣，双排纽扣礼服，难看又不成样式的燕尾服，都让中国人感到莫名其妙和不可理解。最让中国人不可理解的是，外国一些上衣穿起来无法全部遮住胸脯，还露出一些内衣。外国人衣服后面钉着两粒扣子，中国人觉得这种设计既不美观，也不实用。

如果说外国人的男装，在普通中国人看来是不可理喻的，那么女装就更如此了。不管怎样说，它都违背了中国人的礼仪规范，更谈不上合乎体面了。西方文明是伴随着男女之间的自由交往而产生的，只要看一下中国文明对两性交往的限定就会感觉到，只按传统标准评判合适与否的中国人，完全可能曲解和误解他们所看到的一切。

外国人听不懂中国话，这居然令中国人产生了一种优越感。比如，一个外国人，即使他可以用欧洲任何一国语言流利地交谈，但只要他听不懂一个目不识丁的中国苦力讲的话，这个苦力就会瞧不起他。的确，苦力这样做只能证明自己的无知，但他想当然的优越感却是实实在在的。如果这位外国人为了摆脱困境，试图掌握汉语，那他会不断受到鄙视，甚至他的佣人也会偷着说：“噢，他听不懂！”其实，外国人听不懂中国话，主要在于中国人没有说清楚。但是，中国人意识不到这个事实，即使意识到了，也消除不了天生的优越感。

所有学习中文的学生都遇到过这种情况，无论他懂多少汉语，总有他不知道的“新大陆”。一般情况下，外国人在中国有了一定的经历后，就很少为他不知道的事感到不光彩、不好意思了。中国人对外国人的汉语和中国文学知识的评价，可以引用约翰逊博士的话，他把妇女唠唠叨叨的劝诫比作狗用两条后腿走路——虽然走得不好，但能走路就已经令人啧啧称奇了！

外国人对中国人的风俗一无所知，也是令中国人产生优越感的一个因素。他们几乎无法相信，竟然有人不知道他们早就知道的事。外国人有时看不出来自己受到了中国人含蓄的冷落，这使得中国人愈加故意地轻视外国人。外国人对“当地人”的态度熟视无睹，反而会受到相应的惩罚。许多中国人有意无意地会拿外国人逗乐子，就如同利特里先生看大卫·科波菲尔，似乎在说：“太年轻了，先生，太年轻了。”当然，随着经验的不断积累，外国人迟早会成为精明的观察者。到那个时候，情况会大不相同。然而，不管一个人的经历多么丰富，也会遇到没听说过的或者第一次听说的事，总有许多细节是他未曾听闻的。

普通中国人轻轻松松就能做到的事，外国人却做不到，这就导致中国人看不起我们。我们吃不惯他们的饭菜，经不起太阳的暴晒。我们无法在嘈杂吵闹的环境中入睡，不能居住在空气不流通的房子里。我们不会用橹去摇船，也不会喊"吁、吁"地使唤牲口。

众所周知，1860 年，英国炮兵部队去北京的路上，被当地的马车队搞得七零八落，因为英国军队中没有一位士兵能够叫中国的牲口挪动一步。

外国人不了解中国的观念和礼节，以及其他更重要的规矩，这使得中国人几乎不加掩饰地蔑视我们。在中国人看来，我们是没有"礼貌"或不懂"礼貌"的民族。其实，不是外国人不会鞠躬，而是无论从身体上还是心理上，都难以用中国人的方式鞠一个中国式的躬。外国人不把礼仪当回事，常常表现出举止轻浮的样子；即使是最有耐心的人，也不会花上二十分钟踱四方步，这种结果是显而易见的。外国人不愿意花"老半天"时间谈没用的事，对他来说，时间就是金钱；但对中国人来说，事情远非如此，因为在中国，每个人都有大量时间，却很少人有钱。其实，中国人应该学会明白，时间是属于自己的，浪费掉了就再也找不回来了。

外国人取消烦人的繁文缛节，把节省下来的时间用于做别的事情。这使外国人感到，与过分讲究礼节的中国人相比，自己显得有些可怜。不妨比较一下中国官员与外国来访者的服装和举止：一方身着飘逸的长袍，举止优雅；另一方举止笨拙，跪拜的姿势不登大雅之堂。在这种情景下，中国人不得不克制自己，避免嘲笑外国人。我们必须明白，中国人轻视外国人的原因是外国人忽视了中国人最为看重的礼仪。如果中国人看到，"伟大的美国皇帝"和格兰特将军穿着市民的服装，叼着一支香烟行走在大街之上，那么他们心里会怎么想呢？想象一下这样的情景：一个与中国道台相当级别的外国领事，为调解一桩国际纠纷，前往某省会与省长会晤；成千上万的人拥上城墙，想看一看这位外国大官的浩荡队伍，结果只看到两辆马车、几匹马、一名翻译、一位中国跟班和一名厨师。如此情景，必然会让中国人由好奇变为冷淡，再变成轻视。

我们自认为在某些方面比中国人优越，却无法如愿以偿地让中国人认识到这一点。虽然他们承认，我们在机械设计上占有优势，但又把我们的设计看成是变戏法——莫名其妙又没用，认为这是某种超自然力量产生的结果，是孔夫子闭而不谈的魔法。一些承包商来到中国才失望地发现，中国人根本不把蒸汽机和电力创造的奇迹放在眼里。中国人毫无例外地都不想采用外国人的模式，偶尔采用也是被迫为之。他们不关心卫生设备和空气流通，更不关心生理学。他们也认可西方的一些进步成果，但不愿意采纳西方人的方法。如果非要他们采纳西方人的方法，他们宁可那些进步成果都扔掉。只有那些能使中国成为“强国”的发明创造，才被中国人所接受。任何改良，如果没有时代精神，没有显示出优于中国的特性，就会被中国人抛在一边。一些中国学者和政治家显然意识到了中国的劣势，但又声称古代中国人在数学和自然科学方面具有很高的成果，而近代却被西方人盗走并利用了这些成果。

对于外国人在实际事务中表现出来能力，中国人往往不为所动。撒克逊人羡慕“能干的人”，正如卡莱尔喜欢别人都称他“王”。对中国人来说，外国人的技能既有趣，又令人吃惊，若以后用得着，他们不会忘记也不会拒绝使用。但是，这并不意味着中国人将外国人当作榜样来模仿，成千上万的中国人也根本不会这样想。他们认为，理想的学者是手不释卷的老学究，博闻强识、学衔众多、刻苦钻研、废寝忘食，手指有几英寸长，但除了教书外其他任何事都不会做；正是这样，才保持了身心一体，正所谓“君子不器”。

中国人没有意识到，他们落后于西方国家。中国驻大不列颠前任大使郭大人的回答证实了这一观点。当里格博士说中国人的道德伦理不及英国时，郭大人没有立刻对此作出评价，而是带着深厚的感情，绝妙地回答说：“我感到非常震惊。”从外交的角度来看，这种比较是不可能得到认同的。这不仅要深入了解两个国家的内部生活，而且要综合分析各种现状的起因，但我们当前的目的并不在于此。我们应清楚地认识到，中国文人学士与外国人势同水火。尽管外国人心中藏着各种各样的机械方面的秘密，但中国文人学士却认为外国人没有能力欣赏中国伦理道德的伟大。尤其是那些“头脑在宋代，两脚在现代”

的中国文人学士，他们把对外国人的蔑视表现得淋漓尽致。正是这些人，撰写并散发了大量声讨外国人的文章，这些文章铺天盖地，像洪水一样充斥了整个中国。

人们曾一度认为，中国可能会被西方的各种发明所占据。从英国运来的刀叉、长筒袜和钢琴等物品，会逐渐使中国“欧洲化”。如果说确有这样的时刻，那也是很久以前的时刻，现在绝不会有这样的时刻了。中国并非任人宰割的国家，中华民族也并非易被吞没的民族。要让中华民族对西方民族保持稳固而持久的尊敬，唯一的办法是，用客观可信的事实证明，基督教文明所带来的一切成就，是中国现有的文明在数量和质量上都无法企及的。如果没有这些可信的事实，中国人在与外国人的交往中，仍会对外国人表现出恩赐和轻视的态度。

第十三章

缺乏公心

中国最古老的经典之一《诗经》上有一句话，据说是农夫的祷告辞，大意是：降雨先落到公田，然后再润泽私田。且不说周朝兴盛时期以及其后历朝历代是否真有这种事，起码现在无论是农夫还是其他人，都不会让降雨先落到公田了。我们应该时常想到，中国政府在本质上是一个家长制的政府，要求百姓顺从听命。

一个种植园的黑奴听到一句格言："人人为自己，上帝为大家。"但没有正确理解其含义，便改成了"人人为自己，上帝为自己"。这位黑奴对这句古老格言的新解道出了普通中国人对权力本质的看法。作为百姓，他们认为"我有责任照顾好自己"，即使他们想到了政府，也认为："政府强大健全，有能力照顾它自己，不需要我的帮助。"而政府一方，尽管是家长，却主要忙于照顾自己，而不是照顾家庭成员。一般说来，不遇到危险，政府是不会为百姓着想的；一旦危险降临，由于事先无准备，就必须做更多的事情。百姓清楚，政府致力于减轻河水连年泛滥带来的灾难，其原动力是为了保证税收不受损失。而百姓为避免这类灾祸所做的一切，都是出于自我保护的本能。若是让政府来办理这类事，反而会给百姓增加难以数计的苛捐杂税。

中国的道路状况，最能说明政府对公共事务的忽略以及对百姓缺乏公心。在这个国家，曾经有许多官道连接许多重要城市。这些官道用石子铺成，路两旁还有大树，但这些道路现在都已损坏。这种情况，不仅在北京，而且在遥远的湖南、四川等地，都可以看到。筑路要大量的金钱，而维修却要相对容易多了，但是政府和百姓都忽略了维护保养，以至于遗弃的道路严重障碍了交通，不再是必要的交通要道。

假如这些道路的毁坏发生在明末清初，那么扣除政治动荡年代，至今少说也有250多年，这段时间足以修复这些交通干线了。但是，从没有人这样做，或者说没有人试图去做，其后果就是我们今天所熟悉的这种状况。

政府的态度与百姓的态度相辅相成。百姓认为，只要自己的个人财产不受损失，就不必关心，也没有责任关心公共财产的状况。事实上，一条路或其他什么东西全都是属于“公共的”， 但中国人没有这样的概念。“江山”（即国家）属于当今皇上，他在位多久就占有多久。道路也是皇上的，一切与修路有关的事都让他去做好了。但是，与属于皇上的农田相比，从另外意义上说，道路在很大成分上并不属于皇上，因为大部分道路只不过是田间的小路，专供想使用这些道路的人使用，而不必获得土地所有者的同意。通过农田的那部分道路同其他田地一样，要支付税赋，但是土地的所有者并不比他人从道路的使用中获得更多的好处。在这种情况下，农夫要尽可能地利用道路，不断扩展沟渠和田埂，使人们只能往来于越来越狭窄的田间小路上。若是夏季暴雨冲毁农田，农夫就会走到路上把自己的农田铲回来。这样一来，再加上自然的排水和尘暴，道路最终变成了水沟。可见，中国人根本没有我们西方人所说的“公共道路”的概念。

在天津与北京之间的潮白河上航行的乘客，有时会注意到河面上有小旗。经打听才知

道，插旗的地方埋着鱼雷，过往船只必须绕行。据说，中国炮兵在军事演习时居然直接在交通干线上开炮，结果导致交通中断，牲口受惊，引起一场严重的混乱。

车夫在马路中间装卸货物，过往的人只能等他装卸完才能往前赶路。农夫砍倒了树，就树横躺在路上，赶路的人只能等到他把树砍断，搬开为止。

乡村自由自在的生活方式正好与城里道路的拥挤互相映照。北京宽阔街道两旁，摆满了原本不应该摆在那里的货摊。如果皇帝恰巧经过那里，这些货摊就会很快挪开。皇帝一走，货摊又搬回到老地方了。中国大多数城市里，狭窄的街道两边有各式各样的手工作坊，屠夫、理发师、流动的货郎、木匠、修桶工以及其他无数工匠，都在小道两旁安营扎寨，与城市生活融为一体，纵横错乱、相互交织。甚至妇女也会抱出被褥，当街摆开晾晒，因为她们的小院子远不如街上来得宽敞。可以说，中国人没有不能拿到街上做的事情。

各种小摊不只造成交通阻塞，木匠会在摊位前留下一大堆木头，染色工会在高处挂起长长的布匹，卖面条的会沿街晒起面条，因为摊前的空地不是“公共的”，是摊主的。但是，对所占道路具有所有权，就应该承担负维修的责任，现阶段的中国人却不能接受这一点。一个人即使想维修道路（这是不可能的），也没有时间和原料。而很多人合在一起干更是不可能的，因为每个人唯恐自己比别人干得多，得到的少。当然，如果地方官员把保证道路畅通的事情，交给管辖范围内沿路村庄的人去办，那就好办多了。但是，任何中国官员恐怕都没这样想过。

中国人不仅对属于“公众”的东西不当回事，而且不加保护，放任其成为偷窃的目标。铺路用的石子被人拿去用了，城墙上的方砖不见了，从来没人过问。在中国的某个港口城市，人们发现外国人墓地的围墙没人看管，竟然把围墙的砖一块块拆走了。几年前，北京皇宫里发生了一件轰动一时的偷窃大案：紫禁城房屋上的铜饰不见了。中国人普遍认为，在 18 个省份中，皇帝是最容易被骗的。

我们时常会想起这样一个话题：中国人究竟有没有爱国之心？可这

不是用一两句话就能说清问题。中国人，尤其是知识分子，确实具有着强烈的民族感情。正因为如此，他们对外国人抱有仇视感，并认为西方人的发明源于中国。最近几年，湖南省出现大量排外檄文，恶意诽谤外国人，试图引起混乱，把“外国鬼子”赶出中国。从中国人的观点来看，印刷这些文章的动机值得称赞，正如我们看待反无政府主义一样。檄文的出现，一方面是由于中国人对外国人的误解，另一方面则是由于对西方国家的憎恨。许多中国人认为，这种攻击充分体现了爱国主义精神。那么，写这些文章的中国人究竟是为了维护自己国家的利益，还是为了获取报酬呢？这个问题需要进一步论证，而不能只凭几篇檄文就相信他们是爱国的。我们不应该说，一个关心当前清朝的命运的中国人，才是爱国的。不过我们有充足的理由认为，无论中国怎样改朝换代，民族的整体感情与现在是相同的——极度的冷淡，极度的漠不关心。孔子曾经在《论语》中说过一句意味深长的话：“不在其位，不谋其政。”这句话一半是直白的结果，另一半则在很大程度上造成中国人对自己不负责任的事情漠不关心。

对此，哈克先生提供了一个很好的例证：“1850 年，道光皇帝驾崩。当时，我们正好离京外出。有一天，我们利用在一家客栈饮茶的空当，想跟在座的中国人进行一场小小的政治讨论。我们谈到了皇帝近日驾崩的事情，这是一件举足轻重的大事，一定会让众人感兴趣的。对于皇位的继承问题，我们表示担忧，因为当时还未公开宣布谁来继位。于是就问：‘你们认为，皇上的三个儿子中，谁会继位？如果是大儿子，他会沿袭现行的政府体制吗？如果是小儿子，他还太小，据说朝廷有两派对立

的势力，他会依靠哪派呢？’我们又简短地提出了各种猜测，以便引出这些善良百姓的看法。但是，他们全都无动于衷。我们一再循循诱导，希望他们能多少发表一些见解，因为这对我们很重要。然而，他们只是摇头，只顾着抽烟、喝茶。他们的冷漠，实在让我们恼火。这时，一位德高望重的长者从座椅上站了起来，走到我们身边，像长辈那样拍着我们的肩膀，冷笑着说：‘朋友，听我说，你何必为那些无聊的推测操心劳神呢？大臣们关心此事，因为他们拿的就是这份俸禄。让他们去拿俸禄吧，与我们毫不相干的事，我们何必自寻烦恼呢。我们傻乎乎地去关心政治，岂不成了傻瓜吗？’其他人也随声附和，‘就是这个道理。’接着告诉我们：“你们的茶凉了，烟也抽完了。’言外之意是我们该走了。”

我们还记得，1860年英国军队进攻北京，用的骡子是从中国山东买的。天津和通州出于各自利益考虑，跟英法联军签订了投降条约，提出只要英法联军不侵犯这两座城市，愿提供一切所需。为外国军队干活的苦力，绝大多数是从香港雇来的中国人。这些苦力被中国军队俘虏后送还给英军时，只是被剪掉了辫子——不难看出，即使中国人真的有爱国主义和公共精神，这些词的意思也不同于盎格鲁—撒克逊人的释义。

当人们被迫起来反抗统治者的压迫和苛捐杂税时，总有一些人带领大家反抗，迫使政府妥协让步。但是事后，无论政府如何处置这些“刁民”，带头的人都难逃一死，会为了正义而抛头颅、洒热血。为了正义甘冒风险、勇于献身，这才是公共精神的最高体现。

每逢中国历史上的动乱岁月，尤其是改朝换代时，总有一些忠勇仁义之士挺身而出，担当起重任，义无反顾地献身于所崇敬的事业。这些人不仅是真正的爱国者，而且他们本身的行为也无可辩驳地证明，中国人在具有公共精神的领导人带领下，完全可以激发出最无畏的英勇行为。

第十四章

因循守旧

中国人比任何其他民族都更确切地相信，他们的黄金时代已经过去。古代圣人谈论更为远古的“古人”，都会用一种无比崇敬口吻。孔子声称自己不是一个创始人，而是一个继承传播者，他的使命是将古人所知道的一切，包括长期以来被忽视和误解的知识收集起来传授给后人。正由于他在完成这项事业时，表现出了执着的精神和非凡的才能，他才得以成为本民族崇敬的圣人。按照儒家的道德理论讲，有了明君，才会有臣民；君主是盘子，臣民是盘中的水；如果盘子是圆的，那么水就是圆的；如果盘子是方的，那么水就是方的。根据这种理论，只有在明君统治时期，美德之花才会遍地绽放。即使是目不识丁的苦力，也会跟我们提起“尧舜”时代。他们说，尧舜当政时，夜不闭户，因为没有盗贼。人们在路上丢了东西，最先发现失物的人会守候在当场，并与其他来人轮流守候。直到失主出现，他们将失物完好无损地交还失主后才离开。现在人们经常说，就美德与公正而言，现在不及过去；而就违反良心道德而言，过去不及现在。

不只中国人厚古薄今，世界各国的民族都是这样，只不过中国人厚古薄今的程度，似乎比其他民族更为严重。古代经典作品记载了所有美德，而今天只是继承而已，因此，人们对这些作品顶礼膜拜。传统的中国人看到中国经典作品，就像正统的基督教徒看到希伯来语的《圣经》

一样，以为其中囊括了先人开掘的的古今都适用的最高智慧。忠诚的儒家弟子不相信经典作品还需要增补，就如同虔诚的基督徒不相信《圣经》还需要修订一样。基督教徒与儒家弟子都认为，事情已经尽善尽美了，再想画蛇添足已绝不可能了。

正如众多虔诚的基督教徒用《圣经》的“经文”去解释《圣经》作者从未想过的事情一样，儒家学者也时常从“圣人”的作品中找到现代政府的运作依据，以及古代数学乃至现代科学的起源。

古代经典造就了中华民族，也造就了中国的政体。无论这种政体具有怎样的性质，起码是经久耐用的。自我保护是个人，也是民族的首要法则。一种统治方式经过长时间的磨合仍然完好如初，就不得不对其产生敬仰之情。中国政府是如何发展成今天这个样子的？如果哪位研究中国历史的学者想搞清楚这个问题，并能给出合理的解释，那必将成为一桩惊人的发现。我们可以断定，这位学者一定可以清楚地认识到，为什么中国没有经历其他国家所经历的几次政体改革。有个故事，说的是一位工匠砌一堵石墙：六尺厚，四尺高。人家问他为什么砌成这样，他说这是考虑到墙被风吹倒后反而变得更高。中国的政体在任何情况下都不可能被推到，因为它是一个立方体，它翻倒后，只不过是换个了面，其外表与内涵依然不会改变。这一过程的反复出现，便使中国人懂得，政府演变的结果就像猫用脚走路那样，一切照旧。于是，人们不禁感觉到，政体设计者的智慧是多么地值得崇敬。因此，任何要求改良的建议都成了十足歪理邪说，结果造成古人总是优于后人，后人在古人面前总是自愧不如。

有了这些认识后，也就不难理解中国人为什么因循守旧，盲目崇拜过去了。对中国人来说，礼貌举止和道德品行如出一辙、本质相同，是同一个概念；这种看法与古罗马人是一致的。违反了中国人的风俗习惯，就相当于冲撞了他们最神圣的领域。尽管他们并不一定理解风俗习惯的真正意义，但他们会出于本能坚决地予以保护，就像母熊保护幼仔一样。当然，这种本能不只中国人具备，其实所有人类全都具备。值得注意的是，竟然有成千上万的人准备为他们并不理解的信仰献身，但他们却不依照这种信仰规范自己的生活。

中国的风俗习惯正如中国的语言一样，我们不知道是它们用何种方式形成的。但它们一旦形成，就难以改变。令人惊讶的是，中国的风俗习惯与语言形成的条件因地而异，令人眼花缭乱。人们常说，十里不同俗，正因如此，我们会听到各种莫名其妙的方言。风俗习惯和语言一旦固定下来，就像石膏一样，即使摔碎了，成分也不会改变。当然，理论上是这样，实际上是有回旋的余地的。这是因为，没有哪一种风俗习惯是永恒不变的，在特定条件下还是会发生变化。

最能说明这个问题的例证，要涉及到清政府在中国推行的一种全新的削发方式。当初，除满族之外的绝大多数中国人，拼死反对这种意味着屈服的标志。但是，满族人向来是留辫子的，并以此作为忠于皇帝的标志。正如我们所看到的，当代中国人很为他们的辫子骄傲，只有广东和福建本地人还残存着对清廷的仇视，那里的人用头巾来遮盖民族耻辱。

佛教引人中国，经历了类似战争的途径，很多人为此付出了宝贵的生命；可一旦佛教在中国扎根，就如同土生土长的道教一样难以被动摇。

中国的风俗习惯从最初形成到今天，始终没有变过。不难看出，这是因为人们一直将假定的事实当作是正确的。长期以来确立下来的习惯如同可怕的专制，无数的人遵从于它，但没有人追究为什么遵从于它。人们只知道自己的职责就是遵从，便那样遵从了。在中国不同的地方，宗教信仰的程度大相径庭，但有一点是可以肯定的，即成千上万的人遵守“三大宗教”的仪式，却缺乏对这些宗教的信仰，一如他们不懂埃及象形文字一样。若问他们某一宗教行为产生的原因，通常只有两种回答：一是认为与神沟通的方式和程序是先人传下来的，历来如此；二是认为“每个人”都这么做，也便跟着这么做。在中国，机器带动齿轮，而不是齿轮带动机器。既然人们随时随地都这么做，那么学别人准没错。

内蒙古地区有个风俗，每一个吸得起鼻烟的人，都会分给朋友一起吸。每个人都有个小鼻烟盒，遇见朋友就拿出来。即使盒内碰巧没装烟，也要把烟盒递给朋友，朋友会装着从烟盒里拿出一撮，再把盒子递给主人。如果朋友表现出来他已知道盒子是空的，那就有失“体统”，而按照适当的习惯去做，就保全了主人的面子。这一切礼仪都是先人传下来的，中国人在特定场合必须这样做。举例说明一下：珊瑚虫死掉了，形成珊瑚礁，为了避免翻船，人们必须小心翼翼地照航线行船。

做事循规守矩，不仅是中国人的特性，印度人也是这样。印度的苦力习惯用脑袋扛东西，为修建铁路而运土时也这样做。承包商提供了手推车，苦力们反而把手推车也顶在头上。

巴西苦力搬运东西的方式也跟印度苦力一样，一位外国绅士让巴西仆人去寄一封信，他惊异地看到仆人居然把信放在头上，再往上面压块石头。思想过程的僵化导致行为模式的僵化，中国人做事也存在类似的问题。

我们可以举出很多相关的例子，比如：外国人教中国厨师做布丁，碰巧打开的第一个鸡蛋是坏的，就扔掉了。结果，中国厨师以后每次做布丁，都把第一个鸡蛋扔掉。再如：拿一件有补丁的旧衣服，要裁缝照样子做一件新衣服，结果裁缝在新衣服上也缝了块补丁。这些例子并无意夸大中国人的某些特性，但也逼真地再现了事实。

每一个熟悉中国风俗习惯的人，都能举出中国人因循守旧的例子。我们只有理解了这种行为的根本原因，才能理解中国人的这种特

性。在中国北纬25°的村庄，人们冬天穿皮衣，夏天戴草帽，这是约定俗成的习惯。在某些地方，只有到了非常冷的冬天才烧炕取暖。一个外国旅客途经这样的地方，正好赶上“寒流”。于是，他劝说店主把炕烧热，但是店主就是不烧炕，因为冬天还没到。

众所周知，中国的工匠不愿意采用新工艺，但最守旧的当属砖窑的工头。有一次，外国老板需要用比当地通用的砖大一点儿的方砖，便下令烧制这种砖。这实际上并不难，只需要准备一个尺寸稍大的木模子就行了。可是，当外国老板要砖时，砖却没有烧出来。他气愤地把工头叫来，让工头作出解释。没想到，工头理直气壮地说，他拒绝参与任何革新，而之所以烧不出砖来，是因为天下没有那样的模子。

无论对中国的未来是否感兴趣，人们都必须认识到这样一个事实：中国人的因循守旧，影响着外国人与中国人的关系。19世纪的最后25年，是中国历史上的关键时期。外国人给中国人提供了大量的新鲜葡萄酒，但中国只有各种很旧的酒囊用于装酒。多亏了中国人天生因循守旧，他们只接受了极少量的新酒。而仅仅为了装这少量的新酒，也还处于准备新瓶子的过程中。

目前，中国人对待西方各国的态度只有两个字——拖延。一方面，他们不太愿意接受新事物；另一方面，他们根本不想放弃旧事物。正如我们所看到的年久失修的泥屋，早就该回归泥土了，却用粗糙的泥柱子支撑着，拖延着不可避免的倒塌。中国的旧风俗习惯和旧宗教信仰也是这样，本来早就过时了，却依然履行着以往的职责。“旧的不去，新的不来”，这不无道理，变化的过程可能长期受阻，但也会突飞猛进的。

中国刚开始引进电报时，某省的水师提督还禀告皇上说，当地人对这项发明极端厌恶，以致消极怠工，连电线也没架起来。但是，后来中国与法国开战时，中国人不仅毫不犹豫地架起了电线，而且相关部门还立即建起了电报站。出乎意料的是，这项设施竟然备受推崇。不久前，许多迷信风水的人极力反对在中国修建铁路。第一条铁路计划建在开平煤矿的一个出口，且线路很短。可是，这条铁路要经过一大片中国人的墓地，需要当地人迁坟。这种状况，在英国与法国也是一样的，风水与火车之间展开了一场“较量”。不过，最后那些被一分为二的坟墓使人们明白，风水根本不是火车的对手。这条铁路在以后的修建过程中，进度非常缓慢，但那完全是财政不足的原因，与所谓的风水毫不相关。

中国人在处理重要事务时，既有因循守旧的表现，也有违背先例的表现。中国最重要的礼仪莫过于孝道。一位大臣的父母去世了，他必须立即辞职回家守孝；但是，皇上却罔顾这位大的含泪申诉，执意让他继续处理国家政务。中国最牢固的礼仪莫过于父为子纲、君为臣纲。在最近一次的皇位变更中，皇位由皇亲中的旁系继承，而小皇帝的父亲仍健在，因此，只有两种可能，小皇帝的父亲要么自杀，要么退休。光绪继承皇位，其父亲醇亲王就得退休。醇亲王病重期间，光绪皇帝只能以探望下臣的名义探望其父。按照某种临时政策来说，醇亲王既是光绪皇帝的父亲，又是光绪皇帝手下的重臣。

综上所述，因循守旧的本能使得中国人很尊重先人。尽管中华民族是如此得敏感、固执、保守，但只要外国人正确地理解并谨慎利用中国人因循守旧的本能，就能让自己获得一顶重要的保护伞。外国人需要做的是，模仿中国人，对一切事物都不刨根问底，而看作是理所当然的，并在中国的风俗习惯受到侵害时为其辩解。基于此，那些居住在中国内地和其他城市的外国人，只要像北京的外国人那样明智，适当地墨守成规，就不会遇到什么意外。船只一旦通过阻碍其航行的险恶暗礁，便可进入一片和平与宁静的海域。任凭暴风骤雨和滔天恶浪击打暗礁，对船只也毫无影响。

第十五章
随遇而安

首先，我们要清楚本章要说的是什么，那就是中国人不怎么讲究舒适与方便，基本上都是随遇而安。当然，我们这么说，是以西方人的标准来衡量的，而不是东方人的标准。因此，本章的主要目的是，揭示东西方人在“舒适与方便”问题上的根本差异。

让我们先从中国人的服装说起。在前面的章节谈到中国人轻视外国人时，我们已经说过中国人不能接受西方人的服装样式。现在，我们不得不承认：西方人对中国人的习俗也接受不了。让我们感到意外的是，一个伟大的民族居然会有如此反常的习惯，比如：把前额的头发剃光，让本应得到保护的部位暴露在外。在前面的章节中我们提过，中国人是在刀尖之下被迫接受了这种习惯，并以此作为忠诚于皇帝的标志和验证。既然如此，我们就不必对此作进一步的关注，只需知道这样一个不可置疑的事实：中国人对于现在的削发方式并没有感到不舒适，或许他们根本就没想过恢复到明朝的蓄发方式。

同样，我们接受不了的是中国人不戴帽子的习惯。他们一年四季中，尤其是夏季，都光着头。据我们的观察，如果中国的男人戴帽子，往往会引起别人的厌烦，而中国妇女除了头巾之外也不戴帽子。当然，在挑剔的外国人看来，头巾是为了装饰，而不是为了舒适。在炎热的夏季里，几乎全国的行人都举着扇子遮阳。当然，也有打遮阳伞的人，但只占很小一部分。按照中国人的观念衡量，夏天带一把扇子在身边，就算是一种享受了。在夏天，经常可以看到苦力们光着膀子，吃力地拖着沉重的盐船逆流而上，偶尔抽空拼命地摇扇子。即使是乞丐，也常摇着把破扇子。

据说中华民族是最早的游牧民族，他们理应在毛纺技术方面具有相当高的水平，但是我们从未听说他们用现代技术纺羊毛，或者做衣服。唯一的特例是，中国西部有一些毛纺业——那里漫山遍野都是羊群——但令人称奇的是，那里的毛纺技术并没有得到普及。

在棉花传入之前的古代，中国人的衣服是用诸如灯心草一类的植物纤维制成的，这一点是可以相信的。但同样可以肯定的是，现在整个国家完全是依靠棉花织布制衣。在那些冬季非常寒冷的地区，人们要穿好多件衣服，把身体裹得严严实实的。一个小孩穿了这么多的衣服，若是摔倒了，常常是爬也爬不起来，就像是掉进了一个桶里。但我们从来没听说有人抱怨穿这么多衣服难受。既然要穿就不要怕难受，然而可以肯定的是，没有一个盎格鲁—撒克逊人愿意忍受这种束缚，他们会想方设法摆脱它。

与冬天穿一身厚重的衣服形成鲜明对比的是，他们没有，也不穿任何内衣。对于我们来说，不穿那种可以经常换洗的呢绒内衣会坚持不下去，但中国人从没想过这种需要。为了对抗寒冷，他们用很多沉重的棉衣像口袋一样裹住身体，尽管他们也承认这么穿衣服不舒服，但是他们并不在意这种状况。一位66岁的老人说他快要冻僵了，我们便给了他一件外国内衣，嘱咐他每天都要穿着，防止受寒。然而，一两天后，他就把内衣脱掉了，因为他觉得“热死了”。

中国人的鞋是布做的，容易浸水，稍一沾水，里面就变得潮湿了。天气冷的话，多多少少会感到脚冷。当然，中国确有一种防潮的油靴，但价格相当昂贵。人们出于经济考虑，一般都舍不得买。雨伞也是如此，在中国人眼里不是必需品，而是奢侈品。被雨淋湿的人，也不更换衣服，他们觉得让身体来焐干衣服并没有什么难受的。中国人认为外国人的手套很好，可是却不自己做一副，即使在最北方也难得看见。

在外国人看来，中国服装最令人烦恼的特点之一是没有口袋。外国人普遍希望衣服上有许多口袋可用，他们在外衣胸前的口袋里装记事本，下面的口袋装手绢，衬衣的口袋放铅笔、牙签，还有怀表等等，其他地方要存放小刀、钥匙和钱夹。一个外国人身上带很多东西，比如：小梳子、折尺、开塞钻、靴扣、镊子、指南针、小折叠剪刀、弹子球、小镜子和自来水笔，并不算什么稀奇事。这是他们经常要用的，不能不带在身上。中国人就不同了，他们几乎没有用到过这些东西；即使有的话，也不知道该放在哪里。如果他有一块手帕，就塞在胸襟里，他若是带着孩子，他的孩子也是这样。如果他有重要文件，就认真地扎紧绑腿，把文件塞在里面，然后上路。如果他穿着外裤，干脆把文件往裤腰带上一别。有时候，带子不觉松了，文件就会丢失——这是经常发生的。如果身上还要带其他什么东西，他们通常都把东西放在卷起的长袖子、卷边帽的帽顶，或者帽子里面的空档里。在中国人身上很难找到放小东西的地方，他们把现钱卷成一根筒架在耳根上。为了保险起见，就把钱包、烟袋和烟杆一类的小东西系上带子挂在腰带上，钥匙、梳子和一些古钱系在外衣的纽扣上。人们要特别地小心，稍不注意，这些东西就会丢失。

如果对于我们来说，普通中国人的日常服装是令人感到不舒服的，那么他们的睡衣就更不必多言了。他们是光着身子睡觉的，而且无论男女都是这样。据史书记载，孔子曾要求人们穿着和身体一半长的睡衣，然而据推测，他所要求穿的并不是普通的睡衣，而是斋戒时所穿的袍子。有一点是可以肯定的，那就是现代中国人并没有人仿效孔夫子穿夜礼服，也没有人在意斋戒。在照顾新生儿方面，他们不知道婴儿对温度变化异常敏感，不注意给婴儿盖好被子。甚至有时候，母亲想向人们显示她的婴儿时，就随意把被撩开。从这些荒唐的做法中，我们就可以解释为什么很多中国婴儿满月之前就死于惊风症。孩子大一些的时候，有些地区的中国人并不是使用尿布，而是用一种沙土袋代替尿布。这对于西方的母亲来说，是多么恐惧。这些可怜的孩子吊着一个沙袋，就像青蛙“背负”着个铅弹。在这种做法流行的地区，如果一个人没有实际经验，就会被说成是还没脱掉“土裤子”！

中国人对舒适的漠视，不仅表现在服装上，还表现在住房上。为了说明这一点，我们姑且不考虑穷人的住所，因为他们的住所，似乎不能称之为房子。对于有房子的中国人来说，他们不注意用树木给房子遮荫，而宁可搭个凉棚。即使不搭凉棚，他们也不会去种遮荫的树，而是种一些石榴之类的装饰性的灌木。酷暑季节，院子里热得难耐，他们干脆坐到街上去；再难以忍受时，就回到房间里去。大多数的房子只有南门而没有北门，这样设计不利于通风，也就不能减少伏天的酷热。如果问人们为什么这样设计房屋，他们通常会说："我们从来就没有北门！"

在中国的北方，人们一般都是睡炕。炕是用砖坯垒起来的，靠炊火烧热。如果没有烧火，冰凉的土炕对外国人来说就极难受了。如果火烧得太旺，后半夜的时候会被热得睡不着。无论如何，炕的热度是不可能一夜都很适宜的。此外，垒炕的材料还会生虫，即使每年都更换砖坯，也无法除掉这些不受欢迎的"客人"，因为它们把整个房间的墙壁都占领了。

大多数中国人都知道，害虫会传播疾病，但是，他们不会采取除害防病的措施。不少人家的墙角上挂着蜘蛛网，即便城市人家也不例外，可是几乎没有人去清除。苍蝇和蚊子最令人讨厌了，偶尔烧一些有芳香气味的草就能驱赶它们，但中国人似乎能忍受蚊蝇的骚扰。

东方人和西方人睡觉用的枕头，在舒适标准上也是不一样的。在西方，枕头是一只羽绒袋，正好撑住头部；在中国，枕头是用来支撑颈部的，有的是一个小竹凳，有的是一截木头，更多的是一块砖头。西方人若以中国人的方式枕中国枕头，那无疑是在受折磨。同样可以肯定的是，没有一个中国人能在西方人的枕头上睡上十分钟。

我们在前面说过，中国人没有任何羊毛纺织。至于对家禽的羽绒加以利用，他们更是趣味索然。尽管中国人非常节俭，但他们并不知道制作羽绒被是很容易的，而让羽绒任风吹走。因此，中国羽绒的价格很便宜，甚至不要钱。他们只知道羽绒可以廉价卖给外国人，要么就把羽绒绑成鸡毛掸子，用来掸灰尘。

在中国的西部，为了保护刚出芽的麦子和豆子不被动物吃掉，家禽的羽毛被随意地、厚厚地散布在地里。有时把家禽的羽毛厚厚地铺在麦田和豆地里，以免刚出芽的麦子和豆子被动物吃掉。

对西方人来说，最好的床大概是用钢丝做的，有弹性且坚固。但是，中国人的观点显然不同，当中国一家最好的医院置备了这种高档用品的时，居然有病人不躺这种钢丝床，而宁可躺在地板上，因为在地板上他们感觉跟家里一样，这不禁令医生失望至极。

一到了晚上，中国人的房子就显得很昏暗。人们使用的菜油灯气味非常难闻，而且灯光仅够用来照见东西。人们确实知道点煤油灯比点菜油灯明亮多、舒适多了，但绝大多数地区还是按照惯例，一直用豆油、棉籽油和花生油点灯，这显然是由于保守的惯性力量所造成的。他们只是满足于菜油灯能照见东西，而根本就没想过煤油灯可以看得更清楚，也便发现不了这种更高层次的舒适。

在西方人看来，中国人的家具既显得笨拙又不舒适。我们的祖辈习惯倚靠宽大的长椅，而中国人坐的长凳没有靠背还很窄。如果凳子的某条腿松动了，或者凳子的一端没坐人，那么冷不防在一端坐下去时凳子就会翘起来，不过这没什么奇怪的。中国人是唯一用椅子的亚洲民族，但按照我们的看法，中国人的椅子是相当难看的。其中有一种椅子，椅架很高、靠背很直、棱角很尖，靠背很直，式样就像是英国伊丽莎白女王或安妮女王时代所流行的。还有一种椅子比较常见，样子看上去很大，足以坐一个大胖子，但是椅子的支撑力分布不匀，很容易垮掉。

西方人对中国住所最不满意的地方，无疑潮湿和寒冷。由于房子的地基非常简陋，因而不可避免会造成潮湿。屋里的地面是用土或者没烧好的砖铺就的，既不舒适，也有损健康。同样烦人的，是装在转轴上的门太松。两扇这样的门，上端与下底，都吹进冷风。即使只有一扇门，而且用结实的纸把门缝糊严，也不可能抵挡严冬的寒风，因为中国人不懂随手关门，就是教也教不会。曾有位商人在他的办公室门上贴了一条告示：“请随手关门！”但是，这在中国纯属一句废话，根本没人理睬。此外，进出房屋和院子的门，门框都做得很低，普通身高的人进出时也要低头，不然就会一头撞在门框上。

中国的窗户一般是用纸糊的，不能抵挡风雨、太阳、炎热，或灰尘。

百叶窗很少见，就算有也少有人用。

大多数中国家庭只有一口炊锅，像一个凹进去的大铁碗，容量非常大，但用起来极不方便。这种锅每次只能煮一种食物，煮饭的时候就不能烧开水，而且必须有一个人蹲坐在小灶膛前，不停地往灶膛里添柴火。每一次烧煮，基本上都是这样。水汽和烟经常弥漫整个房间，若是外国人肯定会被迷得睁不开眼，或者喘不过气来。虽然中国人知道在这种环境中容易害眼病，但他们似乎对这种弊端毫不在乎。

对西方人来说，中国住房最不舒适的是冬天没暖气。即使在严寒肆虐的地区，绝大多数百姓也只能靠烧饭的锅灶和炕来取暖。对炕的舒适性，中国人是高度赞许的，中国妇女有时称炕为“自己的母亲”。但是，对西方人来说，这种炕实在有点儿不舒适，因为西方人希望热源能够稳定供给，热量传遍全身，而中国人的炕根本不如“壁炉”或者火炉来得舒适。有煤的地区确实也用煤做燃料，但就全国范围而言，这些地区非常有限，而且烧煤的方法不好，弄得屋里全是煤烟气。家境好的人用木炭，但也用得十分节省，就像烧煤一样，若是烧得不小心，就存在很大的隐患。屋子是如此样不舒适，如果天冷，待在家里的人也要把所有能穿的衣服都穿上；外出的时候，就没有衣服可添了。如果问他们：“你冷吗？”他们总是回答：“当然冷。”以西方人的标准来看，他们一辈子就从来没有使自己暖和过。在冬天，他们的血，像河里的水一样，表层冻结了，只有底层在缓慢地流动。一位中国道台曾说，美国的监狱比他的衙门更舒适。考虑到中国人住房的特点，就不会对道台的话感到奇怪了。

我们曾指出中国人不在意拥挤和噪音。天气一冷，中国人为了取暖，就挤在一起取暖，甚至在伏天最热的日子，也经常可以看到轮船上仅有几间的船舱里挤满了人，或坐或躺。没有一个西方人能忍受这样的拥挤，可是中国人却不以为然。西方人喜欢独门独户的房子，既通风又不被打扰。中国人对是否通风和不被打扰并不在乎，就算他们具备这种环境时，也并不欣赏。中国的城市周围，建有很多毫无规划的小村落，给人一种地价太昂贵、住宅不得不挤在一起的错觉。而事实恰恰相反，由于住宅都挤在一起，其结果必然造成地价抬高。因此，人们的院子窄、房子小，活动的空间很有限，而且不利于健康。

一位住在中国小客栈的中国旅客，可以在大队车马带来的喧哗声中匆匆吃过晚饭，然后立刻上床睡觉。可是，中国旅客的那位来自西方的旅伴，却躺到半夜也睡不着。只要他还有知觉，就可以听到外面 60 匹骡子嚼草、踢腿和长叫的声响。这些声响中，不时还有木头的吱嘎作响声或者此起彼伏狗的狂吠声。在一个车马店的院子里看见有 50 头驴，那是常有的事，它们在夜里不时地喧嚣骚乱，实在令人难以忍受。正如哈克先生所说，中国人并不是不知道在牲口的尾巴上吊一块砖，就可以使牲口不乱叫；但几次三番地问他们，也没听说谁这样做过，因此他们对 50 头驴是单个叫，还是同时叫，根本就不关心。中国人并不在乎动物的吵闹，这是中国人的天性，而且不局限于特定的中国社会阶层。一位中国大官的太太在衙门里养了大约一百只猫，这个事例足以说明问题。

没人看管的杂种狗到处骚扰人们，这种现象在中国所有的城市都很普遍。但是，中国人对此却熟视无睹，也许这是他们信仰佛教、不愿杀生的缘故。不过，中国人的这个特点比起东方其他国家来，算是做得不错了。曾任美国驻华公使的罗斯·布朗先生出版过一本有趣的东方游记，并配有他自己画的插图。其中一幅画的是各种各样的瘦狗、癞皮狗正在举行一个会议。书中还有一些插图，同样能反映中国许多城市的概貌。大群杂种狗无所顾忌地吠叫，中国人对此却无所顾忌，也不担心会被疯狗咬伤而造成危害。倘若被疯狗咬伤，治疗方法常常是在伤口上敷一些狗毛，这种做法与我们的一句谚语出奇地相似，这就是“被什么狗咬伤，就用什么狗的毛治疗”。据观察，消除狗所带来的祸害，似乎还没进入中国人的话题中。

上面讲了这么多的事例，大部分与中国人漠视舒适有关。同样也可以举出很多事例，轻易地说明中国人不注意方便。下面只要略举几个事例，就足以说明这个话题了。中国人骄傲地自称为文学的民族；事实上，也是这个世界上唯一的文学民族。笔、纸、墨、砚，被中国人称为“文房四宝”。但是，这四件写字、作画必不可少的东西，没有一件能随身携带。当要用的时候，很难找齐它们。就算都备齐了，如果缺少第五件东西——水，也是无济于事的，因为磨墨、涮笔都需要水。事先不把笔毛润软，毛笔还是不能用；外行人使用不当，还会损伤笔毛，那就更浪费时间了。中国人没有铅笔之类的书写工具替代毛笔，即使有，也不知道怎么用，因为他们没有铅笔刀，也没有装铅笔的衣袋。

在前面《节俭持家》一章中，我们已经公正地评价了中国人的高超技艺，他们用不便利的工具，就可以做出出色的产品。但我们不能不承认，西方人经常采用的那种节约劳动力的方法，在中国却不为人知。在西方的高级宾馆中，可以享受到各种热情的服务，比如提供冷热水、灯光、供热等。但是，中国 18 个较发达省份最好的客店却都像低等旅店一样，旅客若感到有什么需要没有得到提供，只好到房门外大声叫喊，希望店主能满足他的要求，可这往往是徒劳无功的。

中国人的许多日常用品都无法随用随买，因为卖货小贩什么时候来是没有固定时间的。有时候，人们彷佛感到自己陷入了沙漠的腹地，连日常供应都得不到保障。在城里，夜间行路要打灯笼，可有些城市，只有在巡回叫卖的小贩那里才能买到灯笼，正像我们向卖牛奶或卖鲜酵母的小贩买东西一样。在中国，城市人口所占的比重不可能会大，因为交通限制约束着所有的人。比如：有的地区，人们习惯于二月份卖建房用的木料；一根木料从这个集市拖到另一个集市，直到卖掉；如果卖不掉，就又拖回去。如果一个缺乏经验的人，非要在五月份去买木料，那么他很快就会明白东方一位智者所说的话：“机不可失，时不再来。”这是因为，他根本就不可能买到。

在谈到中国人节俭时，我们曾说过，中国人买来的工具大多数是零

部件，要带回家自行组装，这在我们看来是很不方便的。有一次，笔者吩咐一个仆人去买一把劈柴的斧头，可是市场上没有，他便买回来十四个大马蹄铁，然后请铁匠打一个斧子的头，又请木匠安了一个柄，结果整把斧头的花费贵了很多。在中国那些不方便的事情中，让西方人印象最深刻的当属缺乏卫生设备。比如：在北京，如果你想改善一下排水系统，那么新产生的问题比你计划改善的要多得多。无论一个人在中国居住多久，他都总是处于悬而未决的心理状态，不能解答这样一个他最感兴趣的问题：在中国，到底哪个城市最脏？一位来自中国北方省份的旅行者，对一个住在厦门的人说，中国南方城市总体上要比北方城市好一些。为了证实这个观点，两个人在厦门走了一圈，结果发现厦门竟然出乎预料地干净——只是相对中国城市而言。来自北方省份的旅行者出于妒忌心理，随口说，这是因为刚下过大雨，把街道都冲洗干净了。后来，这位旅行者观览了福州后，自认为发现了中国最糟糕的城市；来到宁波后，情况与福州无异；到了天津后，才发现这里的情况比其他城市还要糟糕。最后，他公正而诚恳地收回了他对北京的看法，因为南方比北方更糟。

对中国设施不方便的地方，西方人通常会有三方面印象：缺少邮局，道路状况差，货币流通不佳。私营邮局自然是有的，也经营传递信件和包裹的业务，但相对整个中国而言，这种邮局覆盖的地域也很小，发挥的作用很有限。关于中国的道路状况，在前面《缺乏公心》一章中已经谈过，比如：山东有一条数十公里长的穿山公路，窄得两辆车子不能双向行驶。路的两端都有人负责看守，车辆上午朝一个方向行驶，下午朝另一个方向行驶。再来说一下中国人的服装——尤其是中国人的鞋子，正如前面章目我们描述的那样，是不能防水的，因此只要一变天，中国人就不得不待在家里了。在西方国家，人们把下雨天不敢出门的人叫作傻瓜；而在中国，人们认为下雨天不待在家里的人才是傻瓜。

中国语言中有一句最常用的话，即“等雨停了再说”。除了政府部门之外，对其他人来说，天气骤变、大雨将至时，就可以暂时放弃职守，即使是最紧急的公务，在这句话面前也显得微不足道了。我们听说，中国某要塞上有一个坚固无比的炮台，配备有精良的武器，比如有克虏伯大炮，士兵们也接受过外国人训练，但是只要遇到下雨天，岗哨上的士兵都自作主张地躲进了哨所，看不到一个人在外面站岗。他们这是在履行“等雨停了再说”的习惯。

1870 年天津大屠杀，本来被残害的人数要翻四倍，但是一场及时雨及时阻滞了扑向外国人驻地的暴徒。在敌战区受到追杀的外国旅客，一场雨就可以使他们得到最好的保护。一位在中国的外国人曾亲眼目睹，从两英尺高的水枪里喷出的强劲的冷水柱，五分钟之内就能驱散气势汹汹的暴徒。橡皮子弹也没有这样有效，因为人们会停下来捡拾废弹头。然而对于冷水，自汉朝以来每个中国人就像猫那样对其怀着厌恶感。不管从什么样的角度讲，中国人都将冷水视为致命的祸害。

关于中国钱币这个课题，写一小段话根本不够，起码能写一篇全面的论文，或者一本书。中国货币的混乱和古怪，足以使一代西方民族发疯。当然，西方民族能找到对付这种怪事的良策。在《漠视精确》那一章中，我们提到过，中国人所说的一百钱不是 100 个，一千钱也不是 1000 个，而是其他完全不定的数目，只能凭经验知道个大概。在许多地方，一个钱当两个用，二十以上也是这样。因此，在这样的地方，一个听说对方要给他五百钱时，他明白将只能收到 250 个，甚至更少。当然，不同地方数目也有所不同。中国钱币中，总是混杂小钱或假钱，以至于各行各业的商人之间总不可避免地发生争吵。地方官吏也为钱的贬值烦恼，只好不时地颁布文告加以制止。可是这样做，又给衙门里的污吏创造了对管辖区钱庄加重税收的机会，最终给货币的流通造成了不同程度的困难。钱庄一时匮乏，就立即提高物价。一旦现钱被支付殆尽——却没有取得任何效益——回收的是伪币，物价却并不回落。这样，就形成了一种不可抗拒的规律：伪币取代了现钱。货币状况每况愈下，以至于在河南某些地方，人们上市场去，要带两种完全不同的钱，一种是普通的真假混杂的，另一种完全是假钱。有些物品只付给假钱，而那些贵重的物品，就要付两倍的价钱，这是一种特殊的交易。

中国钱币实在是“脏钱”，所谓无脏不成钱，嫌脏就不要拿。穿五百钱或一千钱（名义上的）的绳子很容易断，重新数、重新穿起来麻烦得很。通行的铜钱没有统一的重量，但都又笨又重。价值一墨西哥元的铜钱，竟然重达八磅。人们挂在腰带上的小钱袋，总共只能装几百个铜钱。如果需要较大的数目，那么携带起来就太麻烦了。银锭交易中的损失总是很大的，况且使用银锭的人，在买卖过程中难免会上当受骗。如果使用钱庄的银票，一样会遇到很多麻烦，因为一个地方的银票到了另一个地方，要么是完全不通用，要么会大打折扣。拿到银票的人到钱庄去兑换现钱时，钱庄的贪心人通常不会付给与原款相同的钱币，因此，双方难以避免会发生一场争斗。不可思议的是，在如此不利的条件下，中国人竟然还能照常做生意。正如我们每天所看到的那样，他们早已习惯了这些烦恼，已然觉不出这是负担，对此叫苦不迭的只有外国人。

外国旅行者经过中国村庄时，经常会看到这样的现象：一头伸开四蹄躺在地上的驴，被一条结实的缰绳绑着脖子，拴在一根木桩上。由于缰绳太短，驴总是把缰绳拽到最短限度，头部被迫倾斜 45 度；它那扯着脖子的样子，看上去脖子似乎要脱臼了。让我们感到奇怪的是，驴为什么不干脆折断脖子，而心甘情愿地听任摆布呢？要知道，外国的驴都不会如此顺从的。看过我们的论述之后，读者可能会产生这样的看法：虽然中国人生活在水深火热之中，但他们却似乎自我感觉比较舒适。当然，这是根据中国人的舒适和方便标准来衡量的，这与我们西方人的标准完全不同。说到这里，我们回到一开始就提出的问题上，也就是说，中国人已经学会适应自己的环境，当遇到困难时，他们会以典型的耐性甘心忍受不可避免的困难。

一些人非常熟悉中国人和他们的生活方式，特别是熟悉我们所关注的那些方面，经常说中国人是不开化的。这种说法显然是肤浅且完全错误的，这纯粹是对文明和舒适缺乏哲学依据的混乱认识。比起 3 个世纪前来，中国现在的情况无疑已发生了很大的变革，这种变革与我们亲身经历的变革是一样的，唯有看到这一点，我们才能有一个公正的东、西方的比较。我们不能认为，米尔顿、莎士比亚和伊丽莎白时期的英国是不开化的国家，但不可置疑的是，如果把那时的生活环境转移到现在，那么大多数人是无法忍受的。

在过去的 3 个世纪中，是什么因素导致大不列颠群岛发生了惊人变革？现在还议论这个问题，显然是多余的。不过，最近五十年来，在舒适和方便标准上发生的彻底性变革，则更是令人惊异。如果我们被迫退回到我们曾祖父和祖父的时代，也许会怀疑那样的生活是否还值得过下去。时代在变，我们也随之改变。中国则相反，时代没有变，民族也没有变，舒适与方便的标准与几个世纪前大同小异。但只要出现新的情况，这些标准也会不可避免地发生改变。我们目前所习惯的标准，他们同样也将具备，这既不仅仅是希望，也不仅仅是要求。

第十六章

生命顽强

顽强的生存能力是构成中国人其他特性的一个重要背景，而这个特性本身也值得我们思考。可以分四方面进行考虑：中国人的繁衍能力、适应不同环境的能力、延年益寿的能力和康复愈合的能力。

外国旅行者对中国的第一印象通常是人口过多，似乎到处都挤满了人。之所以会有这样的印象，是因为事实原本就是这样。日本看上去也人口过多，但是日本的人口密度显然比中国的人口密度低得多。在人口的相对密度和绝对密度方面，中国与印度最为类似。不过，印度的民族和语言多种多样，而中国的民族几乎是统一不变的。在这个幅员辽阔的国家，无论我们走到哪里，都可以发现人口过剩的现象。即使有些地区人口稀少，但也能轻易找到造成人口稀少的原因。

令人魂飞魄散的太平天国暴动，小规模的暴动以及 1877 年到 1878 年蔓延五省的空前大饥荒，这些接连不断的天灾人祸致使中国人口锐减数百万。我们发现，战争给中国造成的创伤并不像西

方预想的恢复得那样快，因为中国人极不愿意离开故土、投奔他乡。纵使如此，也不难发现，无论破坏力多么剧烈，也比不过强大的修复力。我们完全相信，只需几十年的天下太平与农业丰收，中国所有的地区就能从本世纪那一连串的灾难中恢复元气。恢复的前提条件已经人尽可知，不管是否愿意正视，都不得不接受这个事实。在中国各地，无论城市和乡村，最引人注目的是成群结队的孩子，他们就像查尔斯·兰姆在抨击过分骄傲的母亲时所说的："密密麻麻地挤满了所有死胡同。"靠什么办法给这么多的孩子提供衣食呢？这是中国社会永远解不开的谜。换句话说，很多孩子总是没吃没穿；但必须牢记的是，极端的贫困并没有明显减少中国的人口。

要控制中国人口迅速增长，唯一有效且持久的方法是采用鸦片、战争、饥饿、瘟疫等能导致其民族灭亡的手段。为了高估中国人的繁衍能力，而假定中国人口数量远远超过其他任何国家，是毫无必要的。即使作最低的估计，中国人口也已经达到了约两亿五千万，这个数值足以证明中国人的繁衍能力是多么强大。然而，问题不仅仅在于人口的数量，更关系到增长速度。由于没有可靠的统计，我们只能满足于靠大致估算得出的结论。不过，幸运的是，这样估计也几乎不可能出错。中国人结婚很早，传宗接代的愿望是大多数人的主导思想，其次才是爱惜钱财。

与中国急速增长的人口状况相比，法国的人口状况恰恰相反，其人口增长率是欧洲最低的。据最新报告表明，法国居民的绝对数呈下降趋势，这个事实引发了法国人民对法国未来的极大担忧。另一方面，中国人种在进化过程中，并没有表现出比盎格鲁—撒克逊人衰退的迹象。据文字记载，上帝赐予人类的指令，最初是教导人类"在尘世间休养生息，落土为安"。一位有学问的教授曾说：这个指令"已经为人类所遵从，这是唯一被人类所遵从的'上帝的指令'"。这一点对于中国来说，比任何一个国家都更正确。

正如我们已经说过的那样，中国幅员辽阔，几乎囊括了各种土壤、气候和物产。无论在亚热带地区、北极圈附近地区，还是两地之间的任何地区，中国人都同样兴旺昌盛。如果说有所差别，那主要是由各

地区本身的特点以及供养人口的能力造成的，而不是由各地人民适应本地区环境的能力造成的。来自广东、福建两省较小地区的中国人，无论移居何地，诸如印度、缅甸、泰国、东印度群岛、澳大利亚、墨西哥、美国、西印度群岛、中美洲或南美洲等地，从没听说过他们不能很好地适应各种环境的事情。正好相反，我们听说他们适应得迅速而完美，而且远比当地人更勤劳、更节俭。此外，他们的民族团结力和凝聚力非同小可，竟导致其他民族为了维护自身利益，不得不喊出“中国人滚出去！”的口号。在这种情况下，中国人不再整体性地大规模移居海外了，这对于平和其他民族的心情而言，无疑是最大的幸运。如果今天亚洲大陆的东部像中世纪的中亚那样，充满不可征服且渴望把自己的能量转向地球的其他地区，那么很难想象我们之中的每个人会变得怎样，也无法想象适者生存的原则会变得怎样。

由于完全没有任何一种统计，我们只能最笼统地谈一下中国人的长寿问题。也许所有的观察者都同意这个结论：不论在中国哪个地区，老人所占的人口比例都是比较大的。年长者总是很受尊敬，长寿作为一种荣耀而被列为五福之首。如前所述，尽管传统的计时方法稍显粗陋，但人们还是习惯将出生日期和时辰谨慎而准确地记录下来，以便在需要的时候说出来。坟墓的石碑上通常刻明死者的享年，但是除了石碑产地及其附近地区外，能立上石碑的坟墓少之又少，因此，不能单靠石碑来推断死者的享年，还得采用其他方法。

很少听到中国人有活到百岁以上的，但接近百岁的老人却随处都有。如果中国人民有充足营养补给，相信接近百岁的老人会更多。事实上，占中国人口大部分的穷人严重缺乏营养，将这个因素考虑在内的话，我们不禁要问，这么多的人是怎么撑到如此高龄的。众所周知，本世纪以来，所有西方国家的平均寿命都在持续增长，这是由于人们日益重视生命法则，并不断完善医疗水平。另一方面，我们必须注意的是，中国的生活水平与哥伦布发现美洲大陆时相比，并没有多大变化。如果社会科学和医学能服务于中国，就像五十年前服务于英国那样，那么那么中国长寿者的数目一定会急剧增加。

住在中国的外国人都知道，几乎所有的中国人都不熟悉卫生规则，就算熟悉了，也不会当回事。这样，观察中国的外国人就产生了一个问题：对自然法则无知和蔑视，会招致各种疾病，可中国人为什么没有因此而灭绝呢？在中国，每年都有很多人死于完全可以预防的疾病，不过这样的人并不是很多。这似乎说明，中国人具有某种神奇的能力，足以抗病和康复。中国人会因为一件小事而拼命相搏，这与他们顽强的生存能力一样，都是其显著的民族特性。

我们已经多次遗憾地提到，在缺乏重要的统计资料的情况下，我们必须依靠外国观察者的记录来做出某种判断；随着外国药房和医院的数目不断增多，这些记录也一年比一年更多，更有价值。

以列表分析和整理年度医学报告的方式，来说明中国人的康复能力，是一件很有意义的工作。靠这种方式得出的结果，肯定既新颖又有说服力。然而，我们只能描述几件事例，其中两件是笔者听说的，第三件来自天津一家大医院出版的报告。这些事例互相联系且内容详实，因而具有很强的说服力，还可以与我们众多读者的观察产生共鸣。

几年前，笔者与一个中国人家庭住在同一所房子里。一天下午，窗下忽然传来惨叫声。那个窗子是用砖坯砌成的，底部有个洞，洞中有个很大的马蜂窝。原来，那惨叫声发自一个才 14 个月大的小孩。他当时在窗子附近玩耍，看到窗子底部的洞后，以为是个好玩儿的玩具房子，就鲁莽地爬了进去。小孩的头发剃光了，脑袋显出一片红润。也许马蜂把他的头当成了牡丹花，也许是被他的侵扰激怒了，总之马蜂蜂拥而出，在他的头上蜇个不停。小孩好不容易爬出窗子下的洞后，他的头已经被马蜂蜇了三十多下，变得又红又肿。由于疼痛，小孩放声大哭起来。小孩的家人闻讯赶来，马上把他抱到屋里。他哭了一阵，就躺在炕上睡着了。家人并未在意小孩被蜇的情况，既没给他上药，也没敷任何东西。令人惊讶的是，第二天一早，小孩头上的肿包竟然全都消失了。

1878 年，很多中国人死于流行性斑疹伤寒，而北京一个外国人家庭雇用的马车夫不幸患上了这种病。这位马车夫患病后第 13 天，病情陷入危机，他突然变得狂暴，力气大得能抵抗好几个人。三个负责照看他的人，被他弄得筋疲力尽，为了防止他逃跑，便把他捆在了床上。当天晚上，看守者熟睡后，这位病人居然设法解开了绑他的绳子，一丝不挂地跑出了屋子。次日凌晨 3 点，看守者发现病人不见了，马上在屋内屋外搜了个遍。连水井也搜寻过了，怕病人投井自尽。后来，在一堵约 10 英尺高的院墙处，人们发现病人的踪迹，推断出病人先是爬上一棵树再跃墙而出，然后沿着皇宫城墙的护城河逃跑。人们立即跟随病人的踪迹去寻找，终于在两小时后找到了他，并看到他的头紧紧卡在城墙下涵洞的铁栅栏里。原来，病人的头热得要命，就跑到这里来凉快凉快。显然，他已经保持这种姿势待了很久了。人们带着病人回家的路上，惊异地发现他的热病居然完全消退了；虽然他的腿部还患有风湿病，但肯定会慢慢康复的。

有一个年约三十的天津人，住在中国炮队演习场附近，以捡废炮弹壳为生。有一次，他捡到一枚炮弹，试图将炮弹拆卸开，结果引起了爆炸，炸烂了左腿。他被送进医院，做了外科手术，截掉了左腿膝盖以下部分。可是，这个人出院后依然不顾危险，照常去捡废炮弹。大约 6 个月后，类似上次的危险事情再次发生，这个人的左手掌被炸掉了，右臂上半截被火药严重烧伤，鼻梁和上嘴唇被炸裂，右边脸颊、右眼的上眼皮，额骨的后侧和右手腕均被炮弹片切伤，右腿胫骨被炸开很深的裂口，露出了骨头。如此严重的伤势，使得这个人昏倒在地。更糟糕的是，当时没有人及时救治他，以致他被太阳暴晒了 4 个小时。一位官员碰巧发现了他，吩咐几个苦力抬他去医院。为防苦力们不负责，这位官员还亲自护送了两里路。没想到，苦力们确实很不负责任，等官员一走，就把那个被炸伤的可怜人丢到了土沟里，任凭他自生自灭。被炸伤的人因失血过多而显得极其虚弱，但他还是挣扎着爬出了土沟，单脚蹦跳着行走了 500 码，来到一家米店门口。他找了一篮子饭，用没受伤的手臂把篮子倾斜过来，绕在脖子上吃饭。米店老板为了送走他，就用筐子把他抬到医院门口。尽管由于大量失血，他的身体状况几近崩溃，脉搏变得微弱无力，但他依然神志清晰，还能正常交谈。他曾吸食大烟成瘾，这很不利于身体康复。然而，这个重伤的病人在医院治疗过程中，除了第五天和第六天发生过腹泻和轻微疟疾外，并未出现其他不良症状。4 个星期后，他安了条假腿，居然拄着拐杖出院了。

如果一个民族具备中国人那样的身体素质，那么就可以在战争、饥荒、瘟疫和鸦片的威胁下生存下来。如果他们能多加注意生理和卫生法则，并获得充足的食物，保证营养供给，那么完全有理由相信，他们将有足够的力量占据世界的主要地区，并且更加进步。

第十七章

坚韧忍耐

“忍耐”这个词，包含三层完全不同的意义。首先，它表示能够长期地毫无怨言、毫不生气、没有不满情绪的品质或行为；其次，表示默默地忍受苦难、面对灾祸镇定自若的能力或行为；再次，也可以当作坚韧的同义词。显而易见，这里所涉及的各种性格在中国人的生活中都具有重要意义。当我们考察中国人的各种性格时，不能将其分隔开来，否则就不能了解全面，尤其是考察忍耐坚韧这种性格。中国人忍耐坚韧的性格，与他们的“麻木不仁”和“漠视时间”有着不可分割的联系，而最能体现中国人这种性格的是“勤劳刻苦”。前面一些章节所说的内容，原本足够说明忍耐坚韧是中国人性格中的主要美德之一，但由于只是附带提到，显得有点杂乱，因此应该在这里进行全面叙述并加以增补。

在类似中国这样人口众多的国家，人们生活水平之低实在是一种“生存挣扎”。要生存就得有生活资料，于是人人都得竭尽全力去争取生活资料。有人说得好，中国人已经“把贫穷变成了一门学问”。极度的贫穷和为生存所做的艰苦斗争，并不会使任何人勤劳刻苦。但是，如果一个人或者一个民族具有勤劳的天性，那么贫穷和生存斗争就能使这种天性得到最有效的发展，同样也会使节俭的天性得到发展。当然，还会发展出忍耐坚韧的品格。猎人和渔夫懂得，他们的生计靠的是行动隐蔽和小心谨慎，以及耐心地等待时机。不管他们属于“文明人”、“半文明人”

还是“野蛮人”， 他们总是隐蔽、谨慎而又耐心的。多年以来，中国人经常在最恶劣的条件下谋求生存，因而他们把最文明民族的积极勤劳与北美印第安人消极的忍耐融为一体。

中国人甘愿为了很少的报酬，干很长时间的活，因为报酬再少总比没有好。长期的经验告诉他们，勤劳刻苦不一定使他们获得更多的美好机会，而西方人则认为，机会是勤奋刻苦的自然结果。所谓“自然结果”，是说只要有合适的条件，就必然产生这种结果。很显然，每平方英里生活 500 人，在这种条件下是无法验证“勤劳和节俭是幸运儿的双手”这句格言的。但是，中国人只满足干活拿钱，这种满意正反映了他们忍耐的美德。

据已故的格兰特将军所述，在他环球旅行即将结束之际，有人问他，他所见到的事情中最令人注目的是什么。他立即回答说，我所看到的最不寻常的事情，是一个中国小商贩凭借强劲的竞争力打败了一个犹太人。这件事，真是具有重大意义。如今谁都知道犹太人的品格，他们的卓越成就令人惊叹，但在全人类毕竟只占一小部分。而中国人，则在世界总人口中占有相当大的比例。那个被中国人打败的犹太人，或许在本质上与其他犹太人没有什么不同。就算换个犹太人，竞争结果也还是一样，因为可以肯定地说，那个成功的中国人与其他数百万的中国人也没有本质上的不同。

中国人的韧性是举世无双的。如前所述，一位中国学生年复一年地前去报考，直到 90 岁才金榜题名，否则他会死不瞑目。这样做似乎不会得到报酬，而且也不可能有报酬，只是为了证明自己有超凡的坚韧性。这是中国人的一种天赋，就像鹿具有飞快的奔跑能力、鹰具有敏锐的视力一样。即使从商店门口最下贱的乞丐身上，也可以观察到类似的品性。乞丐不受欢迎，但他一次又一次地出现；他的耐性始终不衰、韧性始终不变，非要讨到一个铜钱不可。

有一个故事，说的是一个人服装中的重要饰品——头巾被陌生人偷了。奇怪的是，他非但没有立即去抓小偷，反而返回部落的墓地，坐在入口处。有人问他，为什么不去抓小偷，他镇定地回答："那个小偷最终必会来这里的。"这个消极忍耐的夸张故事让我们时常想起这种情况不仅存在于中国人的个人行为里，而且存在于中国政府的行动中。从1662年到1723年，康熙皇帝一直统治中国，因成就辉煌而成为亚洲最受赞美的君主。然而，在他统治时期，竟然一个被称为"国姓爷"（即郑成功，1645年南明隆武帝赐他姓朱，所以在旧书记载中，或称他朱成功，或称"赐姓成功"）的将领，在广东、福建两省沿海地区闹事，连政府的战船也奈何不了他。在这种情况下，康熙想出一个只图眼前安乐的权宜之计，他命令沿海所有军民退回内地30里，约合9英里。这样，那位前朝的维护者就鞭长莫及，无法再来进犯了。康熙下达了这个奇异的圣旨后，居然大获成功。"国姓爷"后撤了，终止了攻占大陆的计划，转而进军台湾，把侵占那里荷兰人赶走了，最后受到清政府的招安，被封为"靖海侯"。每个外国人读到这段奇妙的叙述时，都会同意《中央王国》一书著者的评论：一个政府，既然有足够的力量迫使如此多的沿海军民撤离城市与农村，承受巨大损失退到内地，那么也应该有足够的力量组织一支舰队，去打败扰乱国家的敌人。

另一个能体现中国政府具有坚韧性的例子，也非常值得关注。对于这个例子，居住在中国的外国侨民们至今仍记忆犹新。1873年，驻军巴克尔和哈密的中国将军左宗棠，受命平息那里的暴动。这次暴动起初只是星星之火，后来像野火一样燃遍整个中国西部，并波及中亚。如此巨大的困难，似乎到了无法克服的地步，当时在华的外国报刊纷纷刊载文章，嘲笑左宗棠自命不凡，嘲笑清政府昏庸无能，嘲笑他们竟然企图筹集贷款去支付高昂的军费。然而，左宗棠的军队到达暴乱地区后，在一年之内就进军到天山两侧，沉重打击了暴动大军。左宗棠率军每到一地，若军需供应不济，就转而开垦土地，种植粮食，以作后备。就这样，左宗棠的“农垦军”一边打仗一边种地，最终光荣地完成了任务，其功绩被视为“在现代任何国家历史记载中都是最卓著的”。

在我们看来，中国人忍耐力的最主要特色，在于毫无怨言地等待和默默地忍受。据说，检验一个人真实素质的办法，就是在他饥寒交迫而又浑身湿透时，研究他表现出来的行为。如果检验结果令人满意，就“给他温暖，把他的衣服烘干，让他吃饱，使他成为天使般的人物”。在当代文学中，有一个常见的看法：遇到一个被剥夺了一顿饭的英国人，就像遇到一头被抢走幼仔的母熊一样危险。这种情况，不但适用于所有盎格鲁—撒克逊人，而且也适用于不列颠岛的居民。可见，尽管我们拥有引以自豪的文明，但我们仍然受到肚子的奴役。

有一次，笔者遇到大约一百五十个中国人，其中大多数人已经走了几英里路。他们受邀前来参加一个外国人举办的宴会，结果却碰到一桩倒霉事——原本指望上午 10 点钟就可以坐下来饱餐一顿——这是他们之中许多人当天的第一顿饭，但是宴会却没有按时举行。无奈之下，他们只好站出来做招待，饿着肚子伺候那些比他们人数还多的外国宾客。他们从容地看着那些宾客细嚼慢咽地吃着饭，这种忍耐的风度确实比外国人要高雅得多。过了很长时间，终于要轮到这些中国人吃饭了，可是由于种种情况，吃饭时间再次被延迟。这是多么令人恼火的事，这些被怠慢的中国人该怎么办呢？如果他们是大不列颠群岛的居民，或者其他“基督教国度”公民，我们很清楚他们会怎么办。他们肯定会一直带着难看的脸色，在下午三点最后一轮宴席上大骂一通，并抱怨个不停。他们甚至会采取最严厉的方法，写一封带有 5 个“先生们”的信给伦敦的《泰晤士报》，来表示抗议。然而，这些中国人并没有那样做，他们不仅没发脾气，而且一直非常诚恳、礼貌地服从宴会主人，还连连说：“没事的，没事的，早吃晚吃都一样。”读者可曾知道，有哪一种西方文明能忍受这般意外横生的严厉考验呢？

如前所述，中国人的神经紧张程度与我们完全不同，但这并不证明

“神经麻木的图兰语人”像北美印第安人那样都是以苦为乐的坚韧主义者。中国人忍受苦痛，不仅靠毅力，而且更难做到的是靠耐心。一个双目失明的中国人找一个外国医生问视力能否恢复，一边还轻描淡写地说，如果不能恢复，他就不必为治眼忧心了。当医生告诉他不可能恢复时，他回答说：“这下终于心安了。”他这样说，并不意味着我们所说的无可奈何，更不是绝望，而只是一种能使我们“忍受既有痛苦”的品格。我们已经认识到，焦虑就像侵蚀刀刃的铁锈，给现代人的生活埋下祸根。中国人具有不会焦虑的天性，这是他们的一大幸事，因为整个中华民族中没有忧愁苦恼的人毕竟是少数。这个地大物博的国家，周期性地遭受着旱灾、水灾，以及由此产生的饥荒。至于社会灾难，比如打官司，还有因某种不确定因素而导致的更大的恐慌，威胁着成千上万的人，但结果却总是在观察者的意料之外。我们经常问中国人，如果他被夺走了土地、房屋和妻子，会怎么办。他通常这么回答：“再没有太平的日子了。”“那什么时候是个头儿呢？”“谁知道呢？也许早，也许晚，但麻烦肯定少不了。”生活在这样的环境中，除了无限止地忍耐，还能有什么更好的办法呢？

当各种灾祸接踵而来时，中国人所表现出的忍耐力，给外国人留下的印象最为深刻。不幸的是，那些外国人最为熟知的中国省份，很少能摆脱水灾、旱灾及由此带来的饥荒。1877 至 1878 年，中国发生了一次令人恐惧的大饥荒，致使几百万人遭难。这件悲惨的往事，令目击者至今仍记忆犹新。当时，由于黄河水泛滥，突然改道，给广大的地区造成了无法估量、难以想像的灾难。几个省份最好的地区都被毁坏了，肥沃的土地被埋在泥沙中，造成一片荒芜。数以千计的村庄消失了，死里逃生的灾民流离失所，陷于绝望的境地。大批的人在绝望中铤而走险，他们无视政府的统治，迫使那些有粮食的人赈济灾民。也许，这些无缘无故陷入饥饿的人并没有过错，自我求生是自然界的首要规律，他们的做法难道不是合情合理的吗？可是，对于政府来说，这样的灾难并没那么容易解决。

在一些大城市，确实通过一定的方式进行了救济。但由于贫穷的灾民过于集中，因而救济的数量非常有限，而且时间非常短。即使在受灾最重的地区，也没有任何药品提供给灾民。灾民今后何去何从，政府根本没有考虑过。至于土地开垦、房屋重建以及新环境下重新生活，政府一概不管。灾民要求政府减免赋税，但政府经常不予豁免。于是，地方官员一再发现，灾民根本就没东西可以用来抵交赋税。对于一个来自西方的外国人来说，“没有面包，就要流血”的革命口号再熟悉不过了。可是他们很难理解，为什么这些无家可归、饥饿绝望灾民，宁可在洪水四溢、饥荒蔓延的省份流浪，也不团结起来，向当地官员寻求救助。这些地方官确实无力救助灾民，但起码能给灾民一些力所能及的帮助。这样做的话，好歹能开一个先例。如果地方官不能“安抚”灾民，那就理应撤职，由其他官员接任。可是，陷于饥荒的中国人为什么不这么做呢？我们反复问他们这个问题，他们始终不变的回答就是：“不敢。”如果我们偏要跟他们争论说，一个人与其饿死，还不如揭竿而起，最后被杀死。就算这不是正义行为，也没什么不好的。然而，他们回答的仍是同个词：“不敢，不敢。”

中国人不采用这种做法，可能有两个原因。其一，他们是最讲究实际的民族，仅凭本能就能感觉到这样做是徒劳无功的，因而不可能去试图联合起来。其二，我们相信这是最主要的原因，那就是中国人具有无限的忍耐力。正因为善于忍耐，才造成中国出现了最悲惨的景象：面对近在咫尺、多得装不下的粮食，成千上万的人宁愿默默地饿死，也不会伸手去抢夺。对于这样的怪事，中国人早就习以为常了。他们见得多了，连心肠都变硬了，就像一名身经百战的老兵对战争的恐怖无动于衷一样。那些饱受苦难的人们，已经做好了终生面临灾难的准备，尽管他们与灾难之间还有一定的距离。灾难降临时，他们无法避免也无力解决，便只好默默承受。如果他们来得及用手推车载着家人到能够讨到饭的地方去，他们会毫不犹豫地这样做。如果一家人在灾祸中失散了，他们就各自寻找生路，等灾祸过去后再重聚。如果得不到救济，难民们就会成群结队地在隆冬寒天跋涉千里，一面行走一面乞讨，希望找到一个收成较好、劳力需求较多、较易生存的地方。如果洪水退去，外出乞讨的农民就重返家园，在土地还松软得无法承受畜耕之际，刨出一条条小沟，娴熟地播上一些麦种，然后继续踏上乞讨之路，直到麦子收割的季节才回来。如果苍天有眼，麦子收成不错，他们就能重新做农民，不必再当乞丐了。但是，他们心里十分清楚，倾家荡产与忍饥挨饿的生活可能不久就会重来。

坚信灵魂不灭的人，总是摆出这样一个有力的论据：最优秀的能人往往终其一生找不到无用武之地。如果这个论据成立，那么中国人那种无法匹敌的忍耐肯定是为了承担更加崇高的使命，而不是为了承受日常生活的苦难和活活饿死的厄运。如果适者生存是历史的教导，那么一个具有忍耐天赋和顽强生命力的民族，必定会有一个光明的未来。

第十八章

知足常乐

我们已经看到，中国人忍受困难的能力令人惊叹且不可思议，这种能力似乎可以被称作是一种心理矛盾。即使中国人置身于毫无希望的境地，也不会表现出失望，或者说，他们似乎在做无望的挣扎，甚至时常反对抱有希望。19 世纪末叶，大多数民族都有一种躁动不安的特性，而据我们所观察，中国人并没有这种特性。他们似乎不准备去迎接“一个即将来临的好时代”，甚至不相信会有这样的时代在等待他们。

但是“忍耐”与“坚韧”这两个词，根本不能完全涵盖中国人所有的美德。他们在遭遇不幸时，能保持宁静的心态和长期愉快的精神状态，我们将他们的这种特性称之为“常乐”。在这里，我们的主要目的是要唤起人们对这种美德的注意，当然也偶尔提出一些值得思考的问题，以便更加详尽地解释这种美德。

说中国人“知足”，并不意味着中国人只满足于现状，而不希望改变现状。在《因循守旧》一章中，我们已经谈过，中国人对待国家政体的态度，最能表现出他们的知足。他们从没想过去改变当前的体制，这是大多数中国人的秉性，我们不必置疑。

中国人所具有的那种对待生活现象的方式，我们总称为“因循守旧”。但是，这并非中国人所独有，世界上所有民族几乎都有这种现象，只不过中国人的例子是最值得注意的。很明显，中国社会的因循守旧在全体民众中根深蒂固、世代相传，有力地压制任何对命运安排的不满行为。他们自然也会感到不幸，但却总是认为不幸是难以避免的。

始终贯彻这种观点的人，不可能去努力推翻现有的秩序。道理很简单，因为他们自身所承受的压力实在太沉重了。中国的知识阶级对民众的思想和行动发挥着实际领导作用，这是任何其他国家不能相比的。但是，中国的知识阶级却极力说服民众，现存体制是公认的最佳制度。他们以史为鉴、旁征博引，以无可辩驳的实例教导中国人，对现行制度进行任何改良都行不通。这种经验缓慢积累，最终使他们具备了顽固的因循守旧的特性。

很多人尚未完全认识到这一点：中华民族是一个相信宿命论的民族。在中国的经典中，有大量有关“天命”的论述。民间谈话中，也经常说所谓的“天意”。这种说法，与我们常谈的“上帝”非常相似。不过，两者在基本思想上有着根本的区别：对于我们来说，“上帝”是一个造物主，世间万物都包含在他的关怀和预言中。对于中国人来说，“天”是一个笼统的非人格的概念，而且模糊到无法用语言准确表述出来，实际上就是命运。在中国人看来，“命好”与“命坏”的意思就跟儿童故事书中的“好神仙”与“坏神仙”差不多。凭借这些神秘的天命，就能做成一切或阻止一切。

中国人占卜、巫术、算命的全部复杂理论与实践，都是以一种直线式的力的作用和相互作用为依据的。难以计数的中国人，凭借这种普遍而实用的理论维持生计。这种迷信对人们日常生活的影响因地而异，同时又真实存在于人们的心中。我们时常听到，一个不幸的中国男人或女人说：“我命该如此。”在这种信念的作用下，其结果必然是走向绝望，或者失望。带着这种念头的人，尤其是中国人，只能像病人一样等待时来运转。或许中国人不像某些民族那样至死不渝地相信宿命论，抑或中国人说的“命运”与“天意”不完全相同，但是像中华民族这样迷信命运的民族，肯定不会为改变自己的命运而作激烈抗争，因为他们认为，从事物的本性来说，命运不可违抗的。

古希腊人曾说：历史是以实例施教的哲学。正如我们理解的那样，中国人自己的历史一直是他们的老师，他们吸取了历史教训，最终形成了因循守旧的特性。但是，除中国之外，没有一个国家靠了解自己的历史来接受教育，就像一个人只了解自己的经历就不能自诩什么都懂一样。这一点，恰恰反映了中国人的知识存在致命的缺陷。

对于文艺复兴、工业革命、发现美洲大陆、现代科学诞生这类历史性事件，我们无不高度赞扬，但中国人却嗤之以鼻。正由于这些历史性事件，世界各国的联系更加紧密，人权的观念也逐渐形成，但中国人却不为所动。

对于那些活在旧观念中，并满足于现状的人来说，改善当前的民族环境，是无关紧要的事。在这种人心目中，能推动国家所有部门进步的政治经济学重要法则是毫无吸引力的。他们对政治经济学的了解，还不如我们十字军时代的祖先。就算有所了解，也是漠不关心。

一旦亲眼目睹了别人的优越，我们就可能产生向前进步的动力。可是，绝大多数中国民众都不相信其他国家存在更优越的环境，因为他们从没亲眼认证过，也从没了解过其他国家。从另一方面说，那些对其他国家有所了解的中国人，原本可以更深入地去了解，但却被因循守旧的镣铐禁锢住了。在中国，除非大规模地行事，否则不可能有什么事情真正有利于人民；而那些有能力大干一场的人，又不愿意付诸行动。尽管有些人会流露出不满情绪，但很快就被有效地扼制了。因此，从社会立场来看，中国人的“知足”反而是阻碍进步的。

我们必须将中国人的“常乐”当作他们的民族性格，这种性格与他们的“知足”紧密关联。他们与我们不一样，他们所获得的幸福总是超出他们的期待，并总是尽可能地自得其乐。每一个普通的中国人都像是模范的客人，从不过分挑剔。无论在什么地方吃饭，吃的是什么，他们都觉得已经很不错了。甚至为数众多的缺衣少食的人，也始终保持平和的心境，其精神实在令我们觉得不可思议。

中国人的“常乐”性格通常与“好交际”联系在一起，这与盎格鲁—撒克逊人郁郁寡欢的性格形成了鲜明对比。中国人最主要享乐方式之一，似乎就是找人聊天，无论是旧交老友还是陌路生人，差别都不大。可以肯定地说，在谈笑风生中，中国人可以缓解不幸遭遇所带来的痛苦。值得一提的是，许多中国人乐于种树养花，以美化他们十分简陋的环境，这已经成了他们最大的爱好了。用一句含义不清的话来说就是：“东西不多，但物尽其用。”

在这里，或许应该公正地评价一下我们的中国仆人：他们任劳任怨，长期为别人做分外的事，不仅毫不抱怨，而且经常觉得没什么可抱怨的。当仆人的中国人，如果总是叫苦连天的话，常常会遭到同伴的嘲笑，有时还会成为笑柄和话柄。

我们在前面已经说过，中国人常常不知疲倦地辛勤劳作，但有件值得注意的事情是，那些纺线的人一直纺到半夜，为省下微不足道的灯油钱而摸黑工作，却从来不叫苦。他们起早贪黑，并且把这看作是理所当

然的。他们当中，有些人干的活是最苦最累的，比如苦力、纤夫，和独轮车夫。但是，不仅没听到他们抱怨世上分配不公，而且还常常放弃休息的机会拼命干活。只要能吃上一顿便饭，他们就感到很满足。

那些有见识的旅行者，会经常注意到中国劳工这种很有意义的特点。霍斯先生在《中国西部三年记实》一书中谈到扬子江上游情景时说："纤夫，也值得一提。除了乐师和潜水员之外，几乎所有身轻体盈的小伙子都愿意跳上江岸去拉纤。他们吃饭的时间从不超过一刻钟，而且从来不发脾气。"阿奇玻尔德·利特尔先生在《长江三峡之行》一书中也有类似的描述："我们的五名纤夫，牢牢地抓着纤绳，踏着凹凸不平的岩石，一寸一寸地拖着船逆流而上。这些穷苦力的刚毅和顽强，我无法用语言来赞美。要知道，他们拖两个月的船才挣两元钱，一日三餐都是粗米饭配洋白菜，就靠这点营养，每天从黎明卖命到天黑。

笔者认识一位受雇于外国人的车夫，他经常推着沉重的独轮车一连行走数月。行程中，他每天都要早早地出发，运着重物翻山越岭，一直走到很晚。一年四季，无论天气好坏，他都赤脚涉水。每到一个驿站，他还要不顾劳累，为主人准备食宿。如此繁重的工作，他得到的报酬却少得可怜，可他从来都没有任何怨言。他为雇主服务了多年，始终都很顺从，从没有发过脾气。只要大致情节相同，每一个读者不都能讲出同样的陈述吗？

也许，中国人在生病的时候，最能表现出那种乐观的天性来。一般说来，无论遇到什么情况，他们都能抱以乐观的态度，并希望别人也以乐观的态度看待他们。甚至在身体极端虚弱、极端痛苦时，他们也常常表现出充满希望的乐观。我们知道，许多中国病人身患各种疾病，还常常陷入极度的贫穷，得不到适当的营养，身边也没有亲人，甚至遭到亲人的冷遇或抛弃，前方看不到一线希望。但是，他们始终都保持着乐观与镇定。而在同一种状况下，盎格鲁—撒克逊人就会表现出躁动不安的情绪。

我们相信，具有这种乐观性格的中国人不乏其数，凡是在中国有些经历的外国人，都会遇见这样的人。我们需要重申的是：如果"适者生存"的历史教诲千真万确的话，那么中国人必将有一个美好的未来。

第十九章
孝悌为先

研究中国人的性格，不能不谈孝心问题，这是毫无疑义的。不过，这个课题做起来很不容易。“孝心”这个词与我们曾不得不使用的许多词汇一样，其在中国人当中的实际意义，跟我们所理解的大相径庭，因而很难将其用英语词语准确地翻译过来。在汉语中，还有很多词汇能表达这个意义，其中与“孝心”联系最紧密，也是最常用的一个字就是“礼”。为了举例说明这一点，同时也为了给讨论中国人的“孝心”性格提供一个知识背景，最好先引用凯利瑞先生的一段话（引自《中央王国》）：“礼是中国人一切思想观念的缩影；在我看来，中国可以贡献给本民族和其他民族的最精确、最完美的专论就是《礼记》。中国人的情感，如果有的话，靠礼来满足；中国人的职责，靠礼来实现；中国人的善恶，靠礼来评判；人与人之间自然的关系，靠礼来维系——总而言之，这是一个由礼来控制的民族，每个人都是道德、政治和宗教的化身，存在于家庭、社会和宗教的复杂关系中。”对这段话，威廉姆斯博士的评价最令人信服，他认为：“把中国的‘礼’翻译为英语的‘ceremony’不够全面，因为‘礼’不仅指人的外在品行，而且包括所有规范礼节及其行为动机的正确原则。”

探知中国人的孝心，有一个最让人满意的方法，那就是翻阅一下“四书”和其他古代典籍，尤其是《孝经》。接下来，我们只关注那些被中国人付诸实践的孝顺观，看看他们是怎样理解孝顺的。按照中国人的理解，孝心不单纯是一种特性，而且是一种独一无二的特征。要切记，中国人的孝顺是从多方面体现的，并不是所有的观察者在所有位置上都能看到的。

1877 年，在上海举行的传教士会议上，雅蒂斯博士宣读了一篇题为《祖先崇拜》的论文。在这篇论文中，他精心总结、阐述了自己在中国三十多年的生活经历。在这篇论文的开头部分，作者提出，祖先崇拜仅是孝心的一种表现形式。接着又说，“孝”这个词，很容易对人产生误导，我们应当警惕，以免误入歧途。最后总结说，在我们所了解的所有民族中，中国人的儿子是最不孝的，他们不听父母的教诲，他们一旦明确了自己的需要，就固执己见、从不让步。著名的中国典籍翻译家莱格博士，以其在中国生活了三十三年的亲身体验，断然否定了雅蒂斯博士的观点。莱格宣称，他对中国人的体验是完全不同的。这种相互矛盾的现象表明，人与人之间有正常的意见分歧就如同两只温度计，只有将这些互相冲突的观点联系起来综合考虑，才能获得正确、全面的观点。

长期的经验证明，中国的孩子没有严格的纪律，没有接受过如何正确服从父母之命的教育，没有如同我们所理解的那样将言听计从当作一条规则。可是，这些不受约束或半受约束的孩子年龄稍大以后，总体上却并不像我们所预料的那样，这至少也是一种实情。中国人认为，“树大自然直”， 这句隐喻象征着一种信念：孩子们长大成人以后，自然会去做他们应当做的事情。不过，这句隐喻也为孝顺行为提供了理论依据。这种现象，有时好像是由人们的孝顺观念、《孝经》教给人行孝的方式以及处处彰显的孝顺事例共同促成的。

《孝经》中说道：“五刑之属三千，而罪莫大于不孝。”还有一种最普通的说法：“孝为万德之首，其诚存于心，而不在行。以行而论，世无孝子。”中国人专诚地教导人们说，任何一种美德的缺失，归根结底都是因为缺乏孝心。不遵守礼节是因为缺乏孝心，不忠心耿耿是因为缺乏孝心，不恪守职责是因为缺乏孝心，对朋友不诚是因为缺乏孝心，在战场上退却也是因为缺乏孝心。这样，可以发现孝行的理念中，

不仅包含了行为本身，而且包含了行为的动机，是对全部道德的整体认识。

人们普遍认为，孝行美德的真实基础是心怀感恩之情。《孝经》中“神敕”一章对此作了强调。据孔子说，父母死，要守孝三年，因为“子生三年，然后娩于父母之怀”。基于此，子女也应以同样长的时间来报答父母。谁都知道，小羊羔吃奶时总是跪着的（羔羊，兽也，跪哺乳）。孝道要求我们爱护父母赋予我们的身体，否则我们就是忘恩负义。孝顺的人，在父母活着的时候，要尽心侍候；父母去世后，要经常祭拜。孝顺的人，要继承父道，子曰：“三年无改于父之道，可谓孝矣。”但是如果父母明显错误的话，孝道并不禁止子女劝谏。威廉斯博士从《礼记》中引用了一条佐证：“父母有过，不气怡色。柔声以谏，谏若不入，起敬起孝，说则复谏。不说，与其得罪于乡党州闾，宁孰谏。父母怒，不说，而挞之流血，不敢疾怨，起敬起孝。”令人忧心的是，在大多数西方国家，人们可以完全不听父母的告诫。可是在中国，却很少听说有这样的事。

在《论语·为政》中，我们发现孔子对孝的本质作出了几种不同的解答。在不同的情况下，他的解释也不同。第一种答复是给鲁国的一名官吏的，只用一个简洁的词语概括：“无违。”显然，这个答案将长久地留存在询问者头脑中，就像随着时间的推移和思考的深入而慢慢萌发的一粒种子。“无违” 的意思很容易理解，就是“不违背”。不过，孔子也像以后的其他同胞一样，具有“拐弯抹角的天赋”， 他没有直接向孟懿作出解释，而是直到后来，一个门徒驾车送他外出，才重提这个问题。一个名叫樊迟的门徒，听到“无违”这个词后，很自然地问道：“这是什么意思呢？”孔子认为是时候透露真意了，就说了这么一段话：“生，事之以礼；死，葬之以礼，祭之以礼。”毫无疑问，孔子希望樊迟能将这话转述给孟懿。这样，孟懿便能体会出“无违”的深意了。在对“孝意味着什么” 所作的其他一些回答中，还有一次，孔子强调对父母要敬之以礼，如果不以礼敬之，只照顾他们的身体，就无异于将他们当成马或狗来看待了。

上文所引的几段话表明，中国人的孝顺观主要是顺从父母的要求，满足父母的需要，这在中国是一个古老的观念。孔子曾明确地说：“今之孝者，是谓能养。”这就意味着，孔子感觉到当时的孝道与古代已大不相同了，而他对古代则心向往之，希望复古。从孔圣人讲出这些话的时候算起，多少年代过去了，可他的教诲已渗入到中国人的骨髓中。如果孔圣人今天还健在的话，我们深信，他将比过去更为强调地指出：“今之孝者，是谓能养！”我们已经评论过，有良心的百姓对孝道的理解也就是这样，不会想到还有其他责任。不过，还不应该弄清楚孝顺包含哪些内涵。

随便找十个没受过教育的中国人，问他们什么是“孝顺”，可能会有九个人异口同声地回答：“不让父母生气。”这也就是说，子女没有好好地服侍父母。说得简单些，还是应该“无违”，这是孔子的话，尽管他使用这个词时是另有深意的。

如果读者们想了解这种理论是如何付诸实践的，那么就应该好好读一本世代流传的小书——《二十四孝图》。这本书中有这样一个故事：东汉的一位少年，六岁时随父亲去拜访一位朋友。他发现，那户人家用来招待他们的橘子很好吃。于是，这个早熟的少年施展了一把中国人常用的伎俩，偷了两个橘子，塞进袖子里。但是，他告辞鞠躬的时候，橘子掉了出来，气氛变得十分尴尬。可是，这位少年却十分镇定，他跪倒在主人面前，说了一句令人难忘的话。正是这句话，使得他名留青史将近两千年。他当时说：“家母非常喜欢吃橘子，我是拿给她吃的。”这位少年的父亲身居高位，照西方人的看法，这位少年完全有其他机会给母亲弄到橘子，不必在做客时偷橘子。但是，在中国人的眼中，这位少年是一个尽孝的经典范例，因为他小小年纪就懂得为母亲着想。不过，也可能是因为他反应敏捷，当场想出的借口吧。

还有一个故事：一位八岁的晋朝少年，因为父母没有蚊帐，就想出了一个绝妙的权宜之计。他每天早早上床，整夜都一动也不动地躺着，连扇子也不摇。这样，家里的蚊子都来叮他一个人，就可以使父母能睡个安稳觉。与他同时代的另外一个少年，跟继母生活在一起，但是继母不喜欢他。继母很喜欢吃鱼，但是冬天又得不到。于是，这少年就不假思索地脱去衣服，躺在冰上。一对鲤鱼在冰下看到这个情形，深受感动，便在冰上钻出一个洞，跳了出来，好让那位暴戾的继母享用。

中国人认为，“偏袒妻子和儿女”是一种不孝之举，《孝经》“神敕”一章中这种行为与赌博并列，告诫人们不要这样做。在刚才提到的《二十四孝图》一书中，有一个真心尽孝的典型例子。一位汉朝人，家中很穷，没有足够的粮食同时养活老母和三岁的孩子。他对妻子说：“我们穷得养不起母亲，而且孩子还要分吃粮食。为什么不埋掉孩子呢？孩子埋了，咱们以后可以再生一个；母亲死了，就不能再有了。”妻子不敢反对，就挖了一个两尺多深的坑，准备埋掉孩子。可是，意想不到的是，坑底竟然出现了一坛金子。坛子上刻着一些字，说这些金子是上天赐给孝子的报酬。按照一般人的孝顺观念，假如没有挖出金子，纵然孩子被活埋，也是可以理解的，而且是正确的做法。“偏袒妻子和儿女”的感情，也不能够阻止为了延长母亲的寿命而活埋孩子的做法。

中国人相信，如果父母患了痼疾，只要吃了子女的肉，就有可能治愈。这种肉必须混在饭菜里烹制，让父母无意中吃下。当然，这种偏方未必真能奏效，却无疑能够证明孝心。北京《邸报》上，时常刊登这类报道。笔者亲自从一个年轻人那里了解到，他为了给母亲治病，就曾经从自己的腿上割下了一片肉。他还经常像老兵一样，自豪地向别人夸示他腿上的伤疤。毫无疑问，这类事情并不普遍，但也并不罕见。

孟子的一句话，道出了中国人孝道中最最重要的方面。孟子曰："不孝有三，无后为大。"需要传宗接代，是由于需要连续不断地祭祀祖先，这已成了生活中的头等大事。正是出于这个原因，中国的男孩子必须尽早成婚。一个中国男人，三十六岁当爷爷是并不稀奇。笔者的一个熟人，在弥留之际责备自己有两不孝：一是不能亲自为老母亲送终；二是没得及给十多岁的儿子定下一门亲事。这种孝顺的观念，无疑会被大部分中国人所接受。

中国人休妻一般有七种理由，第一种就是没有生下一个男孩。中国人重男轻女的观念，导致了纳妾制度的出现，同时也导致了各种不幸。有了这样的背景，生下男孩的时候，人们就喜上眉梢；生下女孩的时候，人们就垂头丧气。这也是造成溺婴现象大量出现的重要原因。这种罪孽，在中国南方比北方更普遍，因为北方人对此讳莫如深，我们很难获得这方面的信息。中国人私生子的数目一直不小，但无论男孩女孩，人们都不希望把他们留在世上。虽然能够得到直接证实的杀害女婴的事件比实际上要少，但是从道理上可以确信，在这个将"为了奉养祖母而活埋三岁孩子的举动"视为孝行的民族中，就不可能免除"溺杀不受欢迎的女婴"这种恶行。

上文已作了阐述中国人守孝的观念，守孝期理论上定为三年，但在实施中往往被缩短为二十七个月。在《论语》第一十七卷，我们读到孔圣人一个弟子坚决反对守孝三年，并坚决认为一年就足够了。孔圣人对此回答说，在三年守孝期间，真正的君子是不会行乐的，但如果这个弟子在缩短为一年的守孝期内，只要行乐时能心安，他大可以那样做。不过，孔夫子明确地指责这个弟子"不仁"。

守孝比其他所有的社会职责都重要，儿孙们一生要为守孝付出很多时间，只有给政府服役时才能免除。有这样一些极端孝子，会在父亲或母亲的坟墓旁搭建一间草棚，整个守孝期里都在棚子里居住。最普遍的方式是夜晚住在棚子里，白天照常生活。然而，有一些孝子非要履行全部守孝礼仪才能安心，于是沉沦于此，任何其他事情都不做。笔者就认识这样一个人，他极端尽孝，在父母坟前守了很长时间，最后造成心智紊乱，再也无力承担家业。对中国人来说，无论后果如何，守孝都是值得高度赞扬的。履行孝道礼仪是必不可少的，其他事情都无关紧要。

常遇到这样的情况，有的人为了给父母置办体面的葬礼，不惜卖掉家里最后一块土地，甚至拆掉房子，拿木料换钱。这样的行为是一个社会性的错误，但又很不容易让中国人明白。这符合中国人的天性和礼节，因此，他们会毫无疑问地这样做。

胡克神父依据自己的亲身经历，给我们提供了一个例子，来证明中国人极重视礼仪和孝行。在侨居中国的第一年，神父住在南方某地。有一次，他要派一个人送信去北京。他想起自己雇用的一位教师是北京人，教师家里有一位老母亲，母子俩已四年没通过信了。于是，他让教师也写封信回家，正好顺路送去。听说信差马上就要出发，这位教师就对一位刚在隔壁房间上完课的学生说："到这儿来，拿这张纸，替我给我妈妈写一封信。别磨蹭，信差马上就要走了。"这使胡克神父大感惊讶，就问那个学生是否认识教师的母亲，结果得知这个学生根本不知道教师的母亲还尚在。于是，神父问教师："你什么都没告诉学生，他怎么会知道该说些什么呢？"对这个疑问，教师很自信地回答："他不知道该说些什么？他已经学做作文一年多了，熟悉许多文雅的客套话。你不觉得他完全懂得一个儿子该怎样给母亲写信吗？"那个学生很快就把信写好了，而且连信封都已经封好了，教师仅仅在信封上加了个亲笔签名。这封信送给中国任何一位母亲都同样合适，她们收到信都将同样地满心欢喜。

由于孝行对孩子的影响不同，就导致了两种情况。毫无疑问，孝与不孝的极端例子在每个地方都能看到。弑父杀母的现象并不多见，做出这种事的人通常都是疯子，但对这种人的处罚与常人没什么不同。普通老百姓，在极度贫穷的重压下，虐待父母的情况也是难以避免的。另一方面，儿子主动代父接受死刑的事也时有发生。这样的实例，有力地表明孝心真诚和力量，尽管这位父亲可能是十恶不赦的死囚。

在基督教国家中，家庭生活纽带过分松弛。对刚从这种纽带中解脱出来的西方人来说，中国人的孝行确实引人注目。中国人尊敬长者的风俗，对对盎格鲁—撒克逊民族最有益处。在西方国家，儿子成年以后，想去哪儿就去哪儿，愿做什么就做什么。他没必要和父母在一起，父母也不把他留在身边。但是在中国人看来，这种行径只有长大了的牛犊或驴驹才会做，因为动物不受礼的约束。站在中国人的立场思考一些问题，就会发现，在我们自己的社会实践中还有很多有待改进的余地。我们大多数人实际上是住在玻璃房子里，因而必须处处留心，不能鲁莽地乱扔石子。不过，如果不重点强调一下中国人孝道中的几个致命缺陷，一切讨论都将是徒劳无益的。

中国人的孝顺观念有五大缺陷，其中两个讨论过了，还有三个未讨论。在中国，谈论子女对父母有责任的书卷难以计数，却没有一卷提到父母对子女的责任。给中国人提这些建议不是多余的，这些建议在任何地方都需要提。保罗使徒将神赐的智慧凝结成几句言简意赅的话，道出了理想家庭的四大支柱：“你们做丈夫的，要爱你们的妻子。不要使她们痛苦。”“你们做妻子的，要顺服自己的丈夫，就像顺从主的安排一样。”“你们做女儿的，凡事都要听从于父母，因为这是主所喜爱的。”“你们做父亲的，不要激怒你们的孩子们，以免使他们失了志气。”孔子道德思想中的那些世俗的智慧，怎么能与这些影响深远的准则相提并论呢？中国教旨中没有一条为女儿说话，一切都体现儿子的利益。在这方面，多少世纪以来，如果中国人没有丧失观察力的话，怎么会没发现这是对人性的严重侵犯？凭借偶

然的性别差异，男孩儿被家里奉为至宝，女孩儿则成了家中可怕的负担，就算不被扼杀在襁褓里，也一定会终生饱受歧视。

中国的孝道，将妻子置于卑贱的地位。孔子从未谈及妻子对丈夫的责任，或丈夫对妻子的责任。儒教只是要求男人应该依从父母，并强迫他的妻子也这样做。如果父母同妻子发生冲突的话，后者由于地位卑贱、次要，就必须做出让步。按照家长制模式构成的中国社会，存在着严重的弊病。它压抑人的某些天性，但又将另一些天性训化至极端。因此，只要年长者一息尚存，青年一代就要倍受压抑，完全处于从属地位。在铁一般强硬的压力下，人们的思想被禁锢了，因而阻碍了社会的发展和有益的变革。

孝道的主要内容是传宗接代，这个信条是造成中国人出现一系列弊病的根源。它要求人们不管是否有条件供养，都必须生儿育女。这也导致了早婚和人口泛滥，使人们倍受贫困的煎熬。这还是一夫多妻制和纳妾习俗的根源，永远不可避免地要引起祸患。祖先崇拜，是中华民族宗教信仰的真实反映和缩影。如果正确地理解其真正意义的话，就会明白这种体系是一个民族被迫承受的一种最严重的束缚。正如那茨博士在在我们已经引用过的论文中指出的："令人恼火的是，数亿中国人都受无数死人的支配，当今的一代人受过去无数代人的控制。"对于我们已经论述过的沉闷的保守主义而言，祖先崇拜是最好的形式与保证。

如果保守主义不受到致命的打击，在本世纪的最后二十五年间，中国应该如何使自己完全适应新的形势呢？如果中华民族继续将早已退出历史舞台的祖先奉若神明，他们如何能够向前迈出切实的一步呢？

我们相信，中国人恪守孝道完全是由恐惧和自爱造成的，这两者是支配人类灵魂的最有力的动机。因为鬼魂具有作恶的力量，因而受到崇拜。孔子有一句睿智的箴言："敬鬼神而远之，可谓知矣。"如果不祭祀鬼神，它们就会发怒，继而进行报复。为保险起见，最好还是去崇拜它们。可以说，中国人各种形式的宗教理论，都是崇拜死人。至于活人之间的关系，推理的过程也同样很简单。儿子对父亲尽孝，同样要求自己的儿子尽孝，这就是生养孩子的目的。"种树遮荫，养儿防老。”无论父母还是子女，对此都没有任何疑义。“没有孩子尿湿床，就没坟前烧纸忙。”每一代人都要偿还上一代的养育债，同样也要求后一代最大限度地偿还自己。这样，孝道就一代又一代、一年又一年地传承下来了。

对于中国人过分夸张的孝顺，有人做出了忧虑的评论，认为中国人不仅没有把崇拜对象具体化为上帝，而且也没有任何一种途径让人们意识到上帝的存在。祖先崇拜是孝顺最完美、最终极的表现形式，是完全由多神论、不可知论和无神论构成的。他们使死人成为神，他们所有的神也都是死人。他们的爱、他们的感恩和他们的敬畏，只对现世的父母表示出来。他们不知道天父的概念，即便知道，也兴趣索然。如果他们不放弃祖先崇拜，基督教就永远不能传入中国，因为这两者是不可并存的。在这两者决定生死的斗争中，唯有适者才能生存。

第二十章

仁慈行善

中国人把“仁”列为“五常（即仁、义、礼、智、信）”之首，“仁”字由“人”与“二”两部分组成，据此推测，暗含着这样的意思：仁产生于两个人的相互交往。尽管这种理论在汉字的结构上得到了支持，但并没有被中国人的生活事实所证实。这一点我们没必要深究，因为一个聪明的观察家应该了解的是现实生活。不过，仅做一番肤浅的考察，就认为中国人不具备仁慈的品质，这也远非实情。孟子提醒我们：“恻隐之心，人皆有之。”只不过人们表达的方式各自不同而已。儒教教人温良，佛教劝人慈悲，这对中国人不是没有影响的。更何况，中国人在各方面都有强烈注重实际的天性。一旦他们注意到了“行善”，一定会找到多种多样的行善方式，并最大范围地做出善事来。

在各种行善方式中，中国人引以为荣的是设立育婴堂、麻风病院、养老院和免费学校等。因为中国没有进行过具有实际意义的人口调查，所以很难确知这类善行机构究竟有多少。戴维·希尔牧师曾调查过中国中部的慈善机构，他在报告中指出，汉口有三十家慈善机构，每年的开支大约为八千英镑。但是冒昧地说，这些慈善机构仍然相对不够，因为中国人口众多，尤其是在人口密集的大城市，对这些慈善机构的需求是相当大的。

中国发大水或闹饥荒时，经常可以看到各地都设立了施粥棚。不仅政府出面操办这些事情，平民百姓也积极配合，这是值得赞扬的。这类耗资巨大的现象并不罕见，毕竟这是一种有见地的行为。灾荒年头，城里挤满了难民大军。必要时刻，他们被允许住进车棚、空房子等地。这是因为，假如这些成群结队的灾民遭到拒绝，他们肯定是会采取某些报复措施。毫无疑问，让步才是最明智的做法。

各省在外地设立的同乡会，没有被我们列入慈善机构。不过，这些团体会帮助那些背井离乡、穷困潦倒的人，或是那些客死他乡、遗体无法运回家乡的人。这是一种保险性质的日常事务机构，中国人大概也这样认为。

在一些劝人行“善”的书中有这样的记述：有的人对自己的恶行深感内疚，同时也对自己的善行引以为荣。善恶相抵，便得出了一个人在判官生死簿上的寿数。这种因果报应观念，清楚地表明了中国人注重实际的天性，以及他们对来世（如果有来世的话）的考虑。在他们眼里，来世不过是现世的伸展与延续。人们的乐善好施是为了来世获得好报，而公开善行背后暗含的“利己”动机，有时会造成不可思议的后果。

1889 年 4 月，杭州的地方官想从城中茶馆卖出的每一杯茶水中征税，以此来筹资帮助因黄河泛滥而受灾的难民。可是，对这个古都的民众来说，这种做法有点像 1773 年波士顿人征收茶叶税。官员贴出告示：“倘若乐善好施，必得善报。”想以此来赢得民众的支持。然而，民众却联合起来一起抵制，不去茶馆喝茶，最后竟大获全胜。全城的居民如此团结一致，共同抵制强加于人的“善报”，这种奇观确实罕见。

为穷困的人买棺材，收敛暴露于野外的尸骨并重新埋葬，焚烧捡到的字纸以免上面的文字被亵读，把鸟和鱼买来放归自然；有的地方还为病人贴上有神奇功效的膏药，低价出售或赠送美德书，免费接种天花疫苗。凡此种种，都是中国为积累“善报”而做的善行。可是，据我们观察，真正发自善心而做的善行反而退居其次了。这些善行都是千篇一律的，行善者不会有什么麻烦，也用不着费什么思量。站在河岸上看渔夫撒网打鱼，然后把渔夫网到的鱼全都买下来，再放回河里去。这种善行，当然比给需要帮助的人雪中送炭要容易多了。更何况，在注重实际的中国人看来，还有一个很重要的区别——鱼一入水，鸟一出笼，就可以自谋生路，不会指望放生的人去供养它们，善行也便告一段落了。对行善的人来说，只要他的善举被记录在案，他就可以去忙自己的事情了，不用担心会出现不利的结果。

在中国，“善门难开”，关上更难。没有人能够预见自己的善行日后会有怎样的结果，而又都知道行善可能会有承担责任的风险，因此，明智的做法就是时刻谨慎。一位住在中国内地某省的传教士，受当地几位乡绅之托，为一个失明的可怜乞丐治疗双眼。传教士发现，这个乞丐只是患了并不算严重的白内障。于是，几个疗程后就使乞丐恢复了视力。然而，令传教士始料未及的是，那几位乡绅竟又责备他砸了乞丐的饭碗，因为乞丐就是靠失明来博得人们的施舍的，眼睛重获光明后就很难再讨到东西了。因此，传教士理应为乞丐的生计负责，雇乞丐做看门人。

一位行动不便的老妇人，出于好心，经常款待她认为应该得到周济的其他老妇人。然而，这位老妇人却成为其他老妇人残酷榨取的牺牲品。我们的确听说过这件事，虽然只有一件，但估计并不罕见。我们不得不承认，在中国人的生活中，很少有人以发自内心的诚意去行善。

一旦有大灾难降临，比如瘟疫、饥荒或黄河大决口，地方政府或中央政府的各级官员，总是先后出现在灾区，试图给灾民提供帮助。不过，他们从不采取永久性的、大规模的防范措施，仅仅是采取一些权宜之计，似乎这种灾难以前从未发生过，今后也不会再发生。而且在灾民最需要帮助的时候，救济偏偏中止了。比如说，人们在过度拥挤的环境中，经过长期的忍饥挨饿，好不容易熬到了早春，但政府却在这个最容易发病的季节只提供一点现钱，就打发他们赶快回老家，去尽力恢复到正常的生活状态。

当然，政府这样做的理由很明显：一是救灾款快用完了，二是田里有活要干，只要灾民回家种田，麦收的时候就有粮食吃。政府很清楚，天气转暖后，就可能爆发瘟疫，灾民们大规模死于瘟疫比小范围的天灾更严重。

中国式的行善，还体现在“腊八舍粥”这种异常热闹的慈善活动中。我们可以将这种活动当作一个典型事例，证明中国人的行善只流于表面。腊月初八这天，那些平时没机会行善的城里人，都会慷慨地向每一位乡下来客施舍那种最廉价、最低质的稀粥。这就是所谓的“行善”， 人们以此来积德。如果碰到好年景，就没有乡下人来吃这种差劲的稀粥了，因为即便是最穷的人家，也可以煮出这样的粥，甚至比这种粥要好吃得多。然而，这种情形并没有让施舍者停止施粥，也没有促使他们改善粥的质量。一整天过去了，却没有一个人来讨粥，施舍者只好把一整缸的粥倒进猪槽。尽管如此，施舍者仍然感到心满意足，因为他们已经尽到了一年的责任，可以问心无愧地以“仁善之人”自居了。然而，如果碰到坏年景，粮价涨得惊人，那些富有且“贤德”的人就没心思行善积德了，因为他们“施舍不起”。

我们在前文已经提到过对乞丐的施舍，这种施舍在本质上类似于给自己交保险。众所周知，乞丐在中国随处可见，而且是成群结队的。他们组成非常强大的帮派，其势力远远大于与之争斗的其他帮派，因为他们既无所失又无所惧，这是无与伦比的优势。一个具有日内瓦仲裁人那样“无比勤勉”的乞丐，长期地向一位店主乞讨，但是屡遭拒绝。于是，成群的乞丐都来骚扰那位店主，赖在店前不走。这种场面，即使是一个神经麻木的人，也会感到负担和压力。如果店主不能满足乞丐们不断加码的要求，就无法正常做生意。对此，店主和乞丐们都心知肚明。因此，在中国现实社会中，人们向乞丐施舍的善行就如同涓涓细流，从不间断。同样的原则，对于川流不息的难民，人们也总是大发善心。

我们从所有这些事例中发现，行善不是为了让受惠人获益，而是为了给行善者带来回报。中国人行善的目的，好比在掷双骰的赌博中掷出“四点”来一样，是为了使自己现在或未来的生活“更进一步”。

对于中国人这种存在缺陷的慈善活动，应该再加上重要的一点：任何一件事，无论多么有益、多么紧急，几乎都不可能逃脱税捐体系的层层盘剥。这个体系与中国政府的其他体系一样，组织机构非常严密。因此，要想弄清楚政府某个体系侵吞赈济款的具体细节，简直比登天还难。但是，可以充分肯定的是，在一场大饥荒爆发的特殊时期，即使民众陷入水深火热中，也无碍于无耻的官吏侵吞原本应该发放下去的赈济款。此时，公众的注意力都集中在灾情和救灾行动上，外界对赈济款的筹集和使用一无所知，掌管赈济款的官吏会做出什么事，就不难想象了。

中国人开始了解西方文明的时候，他们所接触的往往是西方文明中最坏的一面。在他们看来，整个基督教世界都遍布各种慈善机构，这是非基督教世界无法比拟的。这种现象，也许会促使他们去探究一下其中蕴藏的合理内涵。

中国人应该注意一下这个令人深思的细节：汉字中大多数与情感有关的字都带有“心”字旁，但是“仁”字却没有。这说明，中国人在体现“仁”的美德时，往往是缺乏诚心的，其普遍结果我们已经谈过了。真正的慈善活动应该是一种本能，无论是否有明确的必要，都自觉地找机会去做善事。但中国人完全缺乏这种本能，这的确不是人类的进步。如果中国人想创造出真正的慈善，就必须经历西方国家所经历过的过程——把仁慈变成人生的重要成分。

第二十一章

缺乏同情

我们已经讨论了中国人的仁爱之心，仁爱是一种善良的天性，同情也是如此。不可否认，中国人确实做了一些仁爱行善的事。在这个前提下，我们来讨论一下中国人明显缺乏同情心的话题。

我们必须时刻牢记，中国是一个人口众多的国家，各个地区总是周期性地爆发洪灾或旱灾。世界上众多国家用事实表明，社会环境可以控制人口增长，但在中国似乎并不生效。中国人的首要愿望是传宗接代，最穷的人家也会努力让孩子们尽早结婚，而这些孩子又要生育出很多子女，就好像他们有足够的口粮养活下一代似的。这些因素加上其他一些因素，结果使得中国人陷入了现吃现挣、现挣现吃的生活状况。“双手刚挣来的东西，立即塞进了嘴里”，到处都可以看到按日计酬的打工者，这在中国已经成为无法避免的事实。

无论外国人与哪个地区的中国人打交道，都能马上察觉到，几乎所有的中国人都缺钱。你让他们帮你做事，他们第一个要求就是给现钱，因为他们一无所有，只有拿到了现钱，他们才有饭吃。即使是小康之家，碰到急需用钱的时候，也常常筹不齐最起码的数目。中国有一句意味深长的话，用来形容应付官司、安排葬礼等事情而被迫借钱的窘状，称为“过贱年”，就如同一个饥寒交迫的人，不顾一切地去寻求帮助。除了财大气粗的人家外，其他任何人家都无法独立应付这类事情，唯一的出路就是寻求外援。一度贫寒而又希望渺茫，这是中国最为突出的现状，它使得人与人之间明显变得冷漠。在忙于生计的重压之下，中国人形成了一种固有的习惯，那就是即使不必为生计而焦头烂额了，他们也一样会保持相对艰苦的生活状态。在中国，钱和粮如同一个椭圆的两个焦点，所有人的社会生活都在围着它们旋转。

世界上所有的人都知道，中国大众极度贫困，他们为了获得最基本的生活所需，而进行着长期艰难的奋斗，并在各种无法想象的环境中遭受着令人怜悯的苦难。一个人中国人，无论他多么地仁慈善良，也无法让自己从令人绝望的苦难中解脱出来，哪怕只是减少千分之一的苦难。一旦遇到荒年，苦难就会成倍地附加在他们身上。中国的有识之士肯定能意识到，他们所采取的一切减缓苦难的办法，都是无济于事的。不管是靠个人的仁慈，还是靠政府的干预，即使那些减缓苦难的办法做得再好，最终也只是治标不治本。这种办法就好比给伤寒病人发放一些冰块——每个人只能分到那么多，但没有医院、没有食物，没有药剂、没有护理，最终还是治不好病。因此，一点也不奇怪，中国人的仁爱之心并没有增加，只是在完全缺乏体制、预测和管理的情况下，一直保持着行善的习惯。如果长期处于无法防止而又无力救助的苦难中，那么一个最有教养的人又能怎么办呢？相信大家都心知肚明。这种现象，在现代战争中可以得到明证。第一次看到流血的人，难免会神色紧张，并对此留下难以磨灭的印象。但见得多了，那种不良印象就消失了，替而代之的是麻木不仁。对于有经验的人来说，对血的恐惧一生只有一次。在中国，时不时就可能发生战争，人们对战争的后果也就见怪不怪了。

关于中国人缺乏同情的话题，在他们对待残疾人的态度上最能体现出来。中国人普遍认为，生理上有缺陷的人，似乎也预示着在道德上有缺陷。因此，他们对跛子、瞎子（尤其是独眼龙）、聋子、秃子、斗鸡眼等残疾人，都要避而远之。据我们观察，西方人非但不会对残疾人冷漠无情，反而会产生发自内心的同情。但是中国人却恰恰相反，他们认为残疾人肯定是暗中有了罪恶才招致这样的惩罚的。那些不幸先天残疾或者后天致残的人，必须忍受得住人们的嘲讽，否则他们是无法生存下去的。中国人对待残疾人时，即便采取最温和的方式，也一样会描述他们的缺陷，以吸引公众的注意。比如，药店的员工会对一个病人说：“麻子大哥，你是哪个村的？”再比如，人们经常对斜眼的人说：“眼睛斜，心必歪。”还比如，秃子会经常被人们嘲讽说：“十个秃子九个诈，剩下一个是哑巴。”总之，这些不幸的残疾人终生都要逆来顺受，他们必须心态平和地面对那些嘲弄，才能安于生活。

对精神有问题的人，中国人同样毫不掩饰。一位旁观者说：“这个孩子真傻。”也许这孩子一点儿也不“傻”，但是，这样不断地当面说他不长脑子，很容易摧残他未发育成熟的心智。以这种方式对待精神病患者或其他病人，是很普遍的。病人们的与众不同之处，行为举止上的细节，发病的原因，病情可能恶化的征兆，所有这些都成了公众的谈资，而病人们必须完全习惯被人称为“疯子”、“呆子”、“蠢货”等等。

在一个重视生男孩的民族中，生不出孩子来就会遭到谴责与辱骂，是不足为怪的。就像传说中先知撒母耳的母亲被人诟病：“是的，必须激怒她，让她生气。”不管有意无意，一个母亲悄悄地闷死了自己的一个孩子，大家也不会感到奇怪，因为那一定是个女孩。

新娘在婚礼当天的遭遇，也是中国人缺乏同情的典型例证。新娘一般都很年轻，也很害羞胆怯，突然置身于陌生人群之中，难免感到恐惧。尽管各地风俗有很大差别，但有一点是共同的，这就是人们会完全漠视新娘的感受。有些地方，人们可以随意拉开轿帘，盯着新娘看；还有的地方，新娘会成为未婚少女们取乐的对象。她们在新娘的必经之路上占据有利位置，满手捧着草屑或者米糠，撒在新娘仔细油过的头发上，那些碎屑就会牢牢地粘在新娘身上。当新娘子到达公婆家起身出轿之时，就像一匹刚买来的马，立即会被人们品头论足，她此时的心情是不难想象的。

中国人一方面十分看重礼仪，另一方面又会做出明显让人不快的事情。一位中国朋友曾对笔者说，他第一次看到外国人，感到最惊奇的是他们脸上长满了胡子，像猴子一样，他在说这番话时根本没意识到自己的失礼，最后还自我慰藉说："现在我已经很习惯了。"有人问一位老师，学生们能力如何，老师就当着学生们的面说，靠门坐着的那个最聪明，二十岁时就会学业有成，而邻桌的那两个是他所见过的最笨的。这种评价会对学生产生怎样的心理影响，这位老师从来没人想过。

中国人缺乏同情，还体现在他们的全部家庭生活之中。尽管各家情况不同，但仍然不难看出，大多数中国家庭根本就不幸福。他们也不可能幸福，因为他们缺乏感情上的沟通，而这在我们的现实生活中恰恰是至关重要的。中国人的家庭通常只是若干个体组成的团体，他们紧紧地捆绑在一起，有共同的利益，也有不同的需求。这种家庭不是我们理念中的家庭，因为家庭成员之间缺乏同情心。

在中国，女孩一出生，或多或少是不受欢迎的。这种现实对她们的一生都产生了巨大影响，并提供了许多发人深省的例子，验证了中国人缺乏同情。按照中国人的生活方式，母女同在一个屋檐下过日子，难免会发生争吵。由于平时很少受到约束，她们往往会互相谩骂。有句俗话说得好："再骂总是亲闺女。"对于那些想了解中国家庭的人来说，这句话确实意味深长。女儿一旦出嫁，除了无法脱离的血缘关系，就与娘家没多少关系了。所有家谱都略去女儿的名字，这是一种根深蒂固的传统。她不再是我们家的女儿了，而成了别人家的儿媳。人的本性会促使女儿回娘家看看，各地风俗不同，有的经常回，有的则很少回。也有一些地方的风俗规定，女儿要尽量少回娘家。如果娘家人都不在了，女儿几乎再也不回去了。

无论各地风俗有多少细微的差异，媳妇终归是婆家的人，这一原则都是不变的。严格说来，女儿回娘家是出于做活的考虑。她们回娘家的时候，常常带上婆家的一大堆针线活，叫娘家人帮忙做完。每次回娘家，还要尽可能多带几个孩子一起去，这样既可以亲自照料孩子，也可以让娘家人帮忙照料，更重要的是可以让孩子在姥姥家蹭吃蹭喝。对于女儿较多的家庭，这种造访会加重家里的经济负担，令全家人都感到很可怕。正因如此，往往不受父亲和兄弟们的欢迎，母亲则是暗地里欢迎女儿常回来的。不过，有些地方的风俗是，春节过后的一段日子以及特殊的节日，不能限制女儿回娘家。

女儿从娘家回婆家时，就像俗语中形容贼一样，从来不会空手而归。她必须带点礼物给婆婆，一般是些吃的东西。如果忘记了这件事，或是置办不起礼物，婆婆就会演戏似的发一通脾气。如果女儿嫁到了一个穷人家，或者后来家道衰落了，而娘家里的兄弟则已经娶了妻，那么她就会发现自己回娘家"是一种禁忌"。这是因为，娘家的媳妇和已出嫁的女儿之间总会发生争斗，就像腓力士人和以色列的子孙们一样，双方都把家看成自己的领地，把对方当作侵略者。如果儿媳足够强大，她们就会像腓力士人那样，对无法彻底消失或赶走的敌人索取贡品。严格地说，儿媳在整个家庭中的地位堪比奴仆。找仆人，当然要找那种身强体壮，而且懂得烧饭缝补这类家政技术，还会其他各种谋生手段的人，而不能找没有力气和能力的人。因此，我们就不难理解，为什么一个十岁左右的瘦弱男孩要娶一个岁数比他大一半的健硕姑娘当媳妇了。在他们婚后头几年里，新媳妇还要乐于照顾小丈夫，因为小丈夫可能会患上天花这种幼儿病。

中国媳妇的苦难简直罄竹难书。所有的中国女孩结婚都很早，她们们一生中很长一段时间完全受婆婆控制。想到这些，就能够隐约知道，那些在婆婆家受到虐待的儿媳们，遭受了多么令人难以忍受的痛苦。对于已经出嫁的女儿，父母无法提供任何保护，只能对亲家提出抗议，或在女儿受虐自杀后，索取高昂的送葬费。如果丈夫把妻子打成重伤甚至杀了她，只要说她对公婆"不孝"， 就可以逍遥法外了。我们需要重复一下，年轻媳妇的自杀现象在中国极为普遍。在有些地方，各村都会接二连三发生这类事。一个母亲斥责已经出嫁的女儿自杀未遂:"你有机会，怎么会死不成？"还有什么话比这句话更令人心酸呢?

几年前，河南巡抚在北京《邸报》上发表了一份奏折，偶然披露了一种情况：父母杀死自己的孩子是不需要负法律责任的，而婆婆恶意谋杀了年轻的儿媳，只要付一笔钱就可以开脱。他上报的案例中，讲到一个妇女先用香烛烫她的童养媳，再用烧红的铁钳烙她的脸颊，最后用滚烫的开水把她烹死，如此令人发指的罪行，最后却以交罚金告终。这份奏折里还提到其他类似的案例，其真实性是毋庸置疑的。这样极端残忍的行径也许并不多见，但是因婆婆的残酷虐待而导致儿媳自杀或者企图自杀的事情却屡见不鲜。

那些给人做妾的中国女人，生活也十分凄惨。她们所在的家庭，总是不断发生争吵或者公开的打斗，几乎没有幸福可言。一位久居中国的外国人写道："我所居住的那座城市的知府，家财万贯、学富五车、为官干练、通晓经义，但是他为满足自己的私欲，肆意欺骗、辱骂、搜刮、拷打百姓。他的一个小妾逃走了，抓回来后被剥光衣服，倒吊在房梁上，打得皮开肉绽。"

在中国这样的国家，穷人没有养病的时间。男人们根本不把女人和孩子们的病当回事，任其恶化到无药可救的地步。因为男人们没时间照料他们，或者没钱给他们看病。

我们在讨论孝道的时候就发现，中国的年轻人极少受到关注，往往是无足轻重的。他们的价值只有在未来才能体现出来，现在则是一无是处。西方国家所实施的那些做法，在中国往往被倒行逆施。中国人都知道，三个结伴而行的人，遇到艰难困苦的时候，年纪最小的要身先士卒去解决。最年轻的仆人也一样，他要干最苦最累的活。百姓的生活穷困难熬，孩子们常常会因苛刻的家庭压制而离家出走。那些下定决心逃跑的孩子，一般都能从别的地方找到一线生机，因为他们可以与别人合伙谋生。出逃的原因多种多样，但是据我们观察，最为普遍的是难以忍受家人的虐待。有这样一个例子，一个男孩的斑疹伤寒刚刚祛除，胃口变得很好——这种病人通常都是这样，他觉得家里的糙面馒头实在难以下咽，就到街上买了大吃了一顿，花了大约二十个铜钱。父亲知道后，声色俱厉地责骂了他一顿，他受不了气，就跑到东北去了，从此杳无音讯。

乔治·普伦蒂斯曾经说过：男人是创造的主体，女人则是附属品。这句话用来形容中国的妻子在家中的地位再恰当不过了。中国人认为，让姑娘出嫁的目的是为了家里不必再养她，以减轻家庭负担；男人娶妻的目的，则是为了传宗接代。除非深究这些目的的动机，否则人们对此会只字不提。但是在中国，每个人对这些目的都心知肚明。

普通人家男婚女嫁的目的尚且如此，在较穷的阶层表现得就更突出了。寡妇改嫁，人们会说："现在她不会挨饿了。"俗话说："再婚再嫁，为了吃饭；没有饭吃，一拍两散。"灾荒年头，丈夫抛弃妻子，任其沦为乞丐，或者饿死，是司空见惯的事。还有很多家庭会把儿媳赶回娘家，娘家能供养就供养，不能供养只能任其饿死。有时，专门发给哺乳期妇女的食物会被男人独吞，尽管这种事并不多见，但终究是客观存在的。

仅凭灾荒年头的现象评判一个民族，显然有失公允。然而，特殊时期就如同一块试金石，能比寻常年份更能准确地检验出社会的基本原则。在中国，卖妻卖儿并不只发生在灾荒年头。只不过在灾荒年，这种交易比较普遍，人们对此都见怪不怪了。了解实情的人都知道，近几年许多闹饥荒的地区，妇女儿童就像骡子和驴子一样被公开拍卖，唯一的区别只在于前者不被赶到集市上去。

1878 年的那场大饥荒几乎席卷了整个东三省，并向南蔓延。当时，路上到处是载满妇女的车辆，她们要被运往中部省份卖掉。有的地方，连一辆马车都很难雇到，因为所有的马车都用来转运新买来的女人了。这些年轻的女人，从灾区或人口过剩的地方被卖到因动乱而人口下降或男人娶妻苦难的地方。令人感到悲哀的是，家庭成员被贩卖到遥远的省份，反而是一家人最好的出路。对买者与卖者来说，这或许是能活下去的唯一办法。

我们曾经说过，中国人对家人的病情漠不关心，是因为患病的"只不过是女人和孩子"。天花在西方被视为可怕的灾祸，可中国人对此却毫不重视——尽管中国也天花肆虐，而且几乎无人可免。这是因为，患病的主要是孩子。于是，因患上天花而双目失明的人随处可见。西方人很难想象到，极其重视身体发肤的中国人，对婴儿的生命价值却无比轻视。孩子夭折了，人们居然懒得掩埋，通常都是说：“扔了吧。”用芦席松松地卷了，就扔到荒野里，过不了多久就被野狗吃掉了。有的地方，还流行一种可怕的习俗，把死婴塞到乱葬岗的死人堆里，以免他身上的“鬼魂”回家骚扰。我们感到天花可怕，中国人对天花毫不在乎，自然也体会不到我们对天花的恐惧。但是，他们害怕普通伤寒和斑疹伤寒，就像我们害怕猩红热一样。如果一个人离家在外时患上了上述某种伤寒，那么将很难得到妥善的护理，甚至根本得不到护理。如果向别人请求帮助，得到的回答无非是：“这种病会传染的。”虽说伤寒病确实也会传染，但在云南某些山村里发现的一种可怕疾病，可能是最厉害的传染病。巴伯先生描述说：“患者很快就极度虚弱，接着一连几小时都浑身剧痛难忍，随后神志混乱，十之八九性命不保。”他还转述了当地人的说法：“病房里到处都有鬼，桌子和床在不住地挪动，还发出讲话声，清楚地回答人们的问题。”不管怎样，都很少有人敢迈进房间。传教士向我证实，在大多数情况下，由于人们害怕被传染，病人会像麻风病人那样被弃之不管。如果家里的老人患了这种病，最好的照顾就是把他挪进一个单独的房间里，在他旁边放上一壶水，锁上门。挂念他的亲人，每天会小心翼翼地探望两次，隔着老远用竹竿戳一戳他，看他是不是还活着。

在中国这样一个性情温和的民族中，必定会有许多家庭温情，只不过我们很少看到。疾病与灾难，最能唤醒人性中最美好的一面。在一家为中国人开办的外国医院里，我们亲眼目睹了许多事情，不仅父母对孩子、孩子对父母满怀关爱，而且妻子对丈夫、丈夫对妻子也温情脉脉，就连陌生人也互相呵护。一个哺乳期的母亲遇到一个失去母亲的婴儿，会乐意用自己的乳汁喂养他，因为不忍心眼睁睁看着他饿死。然而，除非有特殊的原因，否则人们不愿意助人为乐，这是中国多重社会关系所具有的显著特征。有人劝一个聪慧的男孩，就算没机会上学，也应该多读点书。可是，这个男孩却找不到愿意教他识字的人，很多读书人宁愿闲着，也不愿意帮助他。只要这个男孩流露出读书的愿望，就会引来无休止的嘲讽。那些长年累月待在学堂里的读书人会说：“这个家伙凭什么想走捷径，几个月就想学会我们勤学刻苦好多年才获取的知识。还是让他像我们一样请老师好了。”虽然个别人可以自学，但很少有人能真正学到知识，就连最基本的识文断字也学不会。

令所有住在中国的外国人都感到震惊的是，中国人见人落水竟都袖手旁观。几年前，一艘外国汽轮在长江上突然起火，成群的中国人都挤在岸边围观，但没人去营救落水的乘客和船员。不可思议的是，许多人竟然把刚刚逃上岸的落难者洗劫一空，甚至将其当场杀死。当然，谈到这种暴行时也不要忘记，英国人也经常抢劫失事船只，并以此为职。不过，也有相反的例子。1892 年秋天，一艘英国的大型轮船在中国海岸搁浅，当地渔民和政府官员都尽全力救助幸存者。但是总的来说，中国人对许多灾难都冷漠视之，这是普遍的事实，尤其是在长途远行的时候，俗话说得好：在家千日好，出门一时难。

在中国旅行，最常见的事情是，沿途的人基本不会对陌生人提供善意的帮助。夏天遇到暴雨，泥泞的道路无法行走，旅行者想继续赶路，但他会发现，“天、地、人”串通在一起跟他作对。没有人会告诉他，哪一条路好走一些，即使他所走的路通向泥潭，人们也置之不理。我们已经讲过，中国人不重视公路建设。实际上，在某些特定的季节，所有的路都泥泞不堪，旅行者一旦陷进去就很难脱身。这时，喜欢看热闹的人就聚拢过来，一个个都像一句成语所说的——袖手旁观。除非答应给一定的好处，才会有人出来帮忙，否则是没人伸出援助之手的。更可恶的是，当地人经常故意在难走的地方挖一个深坑。这样，误入深坑的人就不得不花钱请他们帮忙。在这种情况下，旅行者若是不了解道路状况，最好不要理会当地人的劝告，只要能肯定前面的路并非绝路，只管往前走就行了，因为他无法确定所谓的劝告是真心帮助还是刻意误导。

当然，我们还听说过与此不同的事例。一家外国人搬到中国内地的一个城市，受到了当地人热忱的欢迎，不少邻居甚至还主动把日常用品借给他们，直到他们把家具备齐。这样的事情肯定还有，但是大家都很清楚，这只不过是一些例外。对于新搬来的外来者，人们除了好奇外，更多的是冷漠，就好像肥鹅会招来贪婪和阴险的敌人，最终被拔光了毛。我们还没听说过，中国人主动帮助那些走霉运的外国人。当然，也可能出现过，我们不得而知。不过，我们听说的是，一些海员曾经尝试陆地旅行，先从天津到烟台，再从广州到汕头，结果一路上居然没有得到任何帮助，甚至没有人给他们一碗饭，或者留他们住一宿。

在中国，那些运送死人回家的人，很难在旅店入住，几乎是不能的事情。我们曾听说，因为店主不让住店，死者的兄弟被迫整夜守在街上。请摆渡者将尸体运过河，也会被索要高价。我们还知道，运尸者将尸体层层包裹，再用席子裹起来扎好，使之看起来像一包货物，以免引起别人的疑心。另据报道，几年前的一个寒冬，几个快要冻僵的旅客去投宿，店主怕他们死在店里，就拒绝他们入住。结果，那几个旅客都冻死在街头了。

在中国，作奸犯科的人也很少被人告发，一方面是因为人们没钱告状，另一方面是因为人们怕引起关注。诸如通奸案，一般都是私下了结，第三者会遭到一大帮人的毒打，这依据的是中国人所熟知的原则：人多势众。有时，第三者的腿会被打断，有时是胳膊，更多的时候是用生石灰弄瞎双眼。笔者就听说过几件这样的事例，一点也不罕见。有一位聪明的中国人，因为不了解西方人的思维方式，当听说外国人斥责这种做法惨无人道时，毫不掩饰他的惊讶说，这样处置一个罪犯已经“非常客气”了，他只不过被打残了，其实死也不足惜啊。

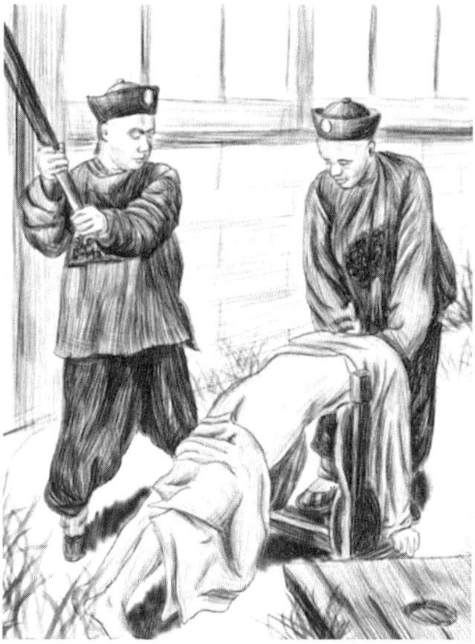

一个做嫂子的骂她的小叔子：“为什么总是到我家混吃混喝？”小叔子已离家数年，在外头做了不光彩的事，被人用生石灰弄瞎了双眼。“我们这儿没地方让你住。你想要硬的，这有一把刀；你想要软的，这有根绳子。你自己选条路吧。”这段话是那位无法医治的盲人随口说出来的，如果有希望治好，他还想获得一线光明；如果没有希望，他暗示说，无论“硬的”，还是“软的”，都可以让他脱离苦海。我们几乎没听说过这类暴行的受害者告官成功的事情。对他不利的证据简直铺天盖地，官员们十之八九认为他活该这样，罪有应得，甚至觉得应该加重惩罚。即便他打赢了官司，境遇非但不会改善，还会变得更糟，他的邻居会更加怒不可遏，那时他恐怕连命都不保。

我们应该明白，尽管中国人认为人命关天，但有时人的生命却一文不值。偷盗是令中国人最气愤的恶行之一，在一个人口众多、难以为生的社会里，偷盗对社会的严重威胁仅次于谋杀。在一次赈济饥荒的活动中，一位分发救济品的人发现一位妇女像疯狗一样被锁在石磨上，已经被折磨得神志混乱了。原来，这位妇女是个“惯偷”。如果一个人被看作小偷，或因某种原因被公众深恶痛绝，那么他被简单讯问后就可能被公众处死。这和早些年弗吉尼亚治安维持会的做法如出一辙。至于处决的方式，有时用刀子刺死，最常见的是活埋——有人形象地称之为“吞金自尽”。无疑，这是一种非常残酷的做法。笔者就认识四个人，差点被这样处死。其中两个是已经被捆了起来，还有一个已经给他挖好了坑，后来由于行刑一方的几位长者出面干预，他们才没有被活埋。另一个例子发生在笔者很熟悉的一个小村子里，有个精神失常的年轻人，是个不可救药的小偷。他在村里的亲戚，只跟他母亲“商量”了一下，就把他绑了起来，塞进了在村口小河上砸开的冰窟窿里。

太平天国起义逆流席卷的那几年，各地的人们都很紧张。于是，一个陌生人一旦稍有嫌疑，就会被抓起来，接受严厉的盘查。如果他不能交待清楚，令抓他的人感到不满，那么他的麻烦可就大了。二十多年前，在距离笔者进行创作的这间屋子几百码远的地方，就曾发生过两起这样的惨案。当时，官吏们发现自己的执法能力有限，就发布了一份半官方性质的通告，允许百姓捉拿一切可疑人等。一次，村民们发现一个像是外省来的人骑着马进入村里，就把他抓来盘问。可是，他怎么也解释不清自己的来历。更严重的是，村民们发现他的包裹中塞满了珠宝，便断定这是他偷来的。于是，就把他五花大绑，挖坑活埋了。就在这时，村民们又在田野里发现有个人正在慌张地狂奔，怀疑这个人可能是同谋，干脆连这个人也抓来活埋了。有时候，这些被抓住的陌生人还被迫自己动手挖坑。在那个法纪混乱的年代，所有人都变得胆大妄为。据那些还记得当时情景的老人回忆说，那时候这类事例不胜枚举。

1877 年，爆发了一场波谲云诡的剪辫运动。当时，大半个中国都弥漫着恐慌和惊怖。毫无疑问，许多受到怀疑的人都被活埋了。当然，在一定条件下，任何民族都会产生这样的恐怖时期，这并非中国所独有的现象，我们无需过于苛责中国人。

中国人缺乏同情，最为突出的表现就是残酷。任何一个了解中国的人肯定都会确信，中国人对别人的痛苦所表现出的冷漠，是世界上其他任何文明国家都不可企及的。就拿孩子来说，尽管他们在家中几乎是不受任何管束的，但只要他们开始接受教育，那种宽松的日子就一去不复返了。

《三字经》是中国普及度最广的启蒙教材，这本书中有一句话：“教不严，师之惰。”不过，书面含义在现实中履行时往往有所误差，因为要考虑到老师的性情与学生的天资。但一般来说，教学方式过于严厉是普遍存在的。我们见过一个被老师惩罚过的学生，那情形仿佛是他刚在街头遭到了群殴——头破血流。原来，老师在课堂上讲科举文章的技巧，但这位学生没有掌握，于是被老师痛打了一顿。老师发火，学生受罚，这在中国很常见。然而，从另一方面看，还会引申出这样的事：孩子不幸受到老师的惩罚，孩子的母亲觉得有失颜面，于是一气之下便将孩子再痛打一顿。不难想象，一位平时喜欢拿孩子出气的母亲，一旦被某些事情触怒，肯定会毫不客气地打骂孩子。

中国的刑法制度，也能体现出中国人缺乏同情。我们很难以中国的法律为依据，去判断哪些刑罚合法，哪些刑罚不合法，因为许多背离法律条款的行为得到社会习俗的认可和支持。最能说明问题的是笞刑，打竹杖的数目常常高出法律规定的十倍，有时甚至多达百倍。限于篇幅，我们不能在此详述中国人对囚犯惨无人道的恐怖刑罚。在诸如《中央王国》或《胡克游记》这类描述中国的优秀著作中，都能读到这方面的事例。《胡克游记》的作者提到，他曾亲眼目睹一件惨象：由于解差忘了带脚镣，便残忍地将囚犯的手钉在囚车上，再将其押往衙门受审。如果囚犯没钱疏通关系，平时就会被蓄意地残酷虐待。这一点最能证明这样一个观念：中国人虽有“心肠”，却肯定没有“慈悲”。

几年前，上海一家报纸刊登了一个案子。说是两个老囚犯敲诈了一个新入狱的囚犯，结果地方官从重处罚，命人打了他们两三千竹杖，还用铁锤敲碎了他们的脚踝骨。中国有句俗话说：死不进地狱，活不进衙门。看了这些事例，我们对这个说法还会感到奇怪吗？

韩因章（Han yinzhang，音译）先生，是一位在美国从事法律工作的中国人，他在一份著名的宗教杂志上发表了一篇文章来论述中国的法律制度。他引用了我们在《不紧不慢》一章中所说的观点，认为中国人并不以为自己的刑罚残酷。对此，我们不敢苟同，不过必须记住，他们是中国人，他们的法律、习俗也是中国人的。如果不在个人权利方面进行彻底改革，中国的刑罚制度就永远不会有任何本质上的改进。在道德力量能够取而代之以前，一定不能放弃物质力量。

上文中，我们从表面可靠的例证得出了一些出人意料的见解，为了给这些见解提供一个确凿无疑的例证，下面来引用 1888 年 2 月 7 日北京《邸报》的一段译文：“据云南巡抚禀报，该省部分乡村流行一种可怕的风俗，乡民一旦抓到偷粮食的人，就将其活活烧死。同时，还强迫他的亲人们立字据同意这种做法，并亲自点火，以防他们事后告官。有时实行这种可怕的惩罚，只因当事人折断了一根庄稼。有时是出于怨恨，以莫须有的罪名将别人置于死地。如此残忍的行径，听起来令人难以置信，但自云南叛乱以来就层出不穷。政府一直努力铲除这一陋习，至今仍未成功。”

福州一家报纸曾详细描述说，几年前，当地有强迫寡妇自杀殉夫的恶习。当地人先是强迫寡妇自缢，然后将其尸体火化，并建造一座牌坊，以表彰她们的忠贞！当地官员企图阻止这种残酷的做法，但除在各别地区一时奏效外，基本上徒劳无功。

中国需要改进的地方很多，政治家们认为当务之急是建立陆军、海军和军械库，友邦人士认为中国需要纸币、铁路和科学教育。如果深入分析中国当前的境况，难道最深切需要的不是更多的人献出同情心吗？中国需要人们对孩子予以同情，尽管人们并未意识到这种同情，但自18世纪以来，这种同情已成为全世界各民族最宝贵的精神财富之一。中国需要人们对妻子和母亲予以同情，这种同情自18世纪以来已经获得长远发展，并且深入人心。中国需要人们一视同仁，互相同情，一旦人们懂得了仁慈，就有如天国的甘霖，既降临祝福者，也降临于被祝福者——这种神圣的情感使人类最接近于上帝，塞内加称之为“心灵的缺陷”。我们相信，基督教培育的仁慈之花，将会开遍全球。

第二十二章

社会纠纷

在中国这样人口异常稠密的国度，一大家子人挤在一起居住，难免会有口角之争。你问邻居："你们家有多少人？"他回答："十好几口。"你再问："所有的东西都是公用的吗？"最常见的回答是："是的。"在 15 ~ 20 口人的大家庭，通常已经传承了三四代，全靠一个商号或是一块土地的收入维持生活，所有家庭成员的收入都归家庭公有，消费也由公共财产来支出。兄弟们为大家庭贡献着自己的时间和精力，而作为家庭重要成员的妯娌们却很难和睦相处。她们之中，年长的欺凌年轻的，年轻的嫉恨年长的。每个人都处心积虑地让自己的丈夫感觉到，她在这个大家庭中是最吃亏的。

年轻一代钩心斗角，是造成家庭不和睦的主要因素。试想，哪个社会能承受这种生活条件下的压力呢？在西方秩序良好的家庭中，这种矛盾尚且屡见不鲜，更何况是复杂严密的中国家庭呢？人与人之间存在着很多分歧，就像人们做事总会有动机和兴趣一样，数不胜数。无论是钱财、粮食、衣物、孩子，还是往日的口角、鸡毛蒜皮的小事，都可能引发纠缠不清的争吵。

汉语中有个很难理解的字，可以用来表示生气，英语中委婉地译为"愤怒的物质"，这个字就是"气"。在中国各种哲学和实际生活中，"气"是一个重要的概念。一个人发怒，就会产生"气"。中国人相信，这种“愤怒的物质”与人体系统之间存在紧密的联系，强烈的愤怒可能会给人体造成各种疾病与不适，比如失明、心力衰竭等。中国大夫给病人看病时，第一句话往往是问：“什么事又让您生气了？”

在中国，见多识广的外国医生也乐于相信，“气”确实会导致中国人所声称诸多疾病。不妨举一个例子来说明这个问题：山东中部山区里，有一个有妻室的男人，他家已经有好几个孩子了，其中两个孩子年纪很小。1889 年 10 月，这个男人的妻子过世了，这使他感到非常生气。他解释说，这并非因为他过于依赖妻子，而是因为不懂得如何养育孩子。一气之下，他抓起一把剃刀，狠命在自己肚子上扎了三刀。他的朋友闻讯赶来，用棉线把他的伤口缝合了。可是，六天后，他再次气愤交加，竟然把伤口撕开了。好在，他那可怕的伤口最后还是愈合了。六个月后，他已经能够步行数百里到一家外国医院接受治疗。后来，他的伤口大部分都愈合了。不过，他的腹部留下了一个小瘘管，因为肠子的功能已经紊乱了。这个例子，同样可以证明我们曾说过的中国人富有生命力的观念。

中国人喜欢大喊大叫地命令或批评别人的习惯，已是积习难返，似乎很难彻底改变了。对中国人来说，用正常的语调规劝别人，并不时停下来聆听别人的回话，这在心理上是难以接受的。他一定要喊叫，一定要打断别人。毫不客气地说，他就像一条兴奋的狗，非得叫几声才行。

在整个东方世界中，中国人骂人的艺术已经达到了登峰造极的境界。一旦争吵开始，骂人的话就像污水一样喷涌而出。在这方面，英语实在无法望其项背。中国人骂人时的恶毒与持久，会让人情不自禁地想起伦敦毕令奇街的卖鱼妇。纵然只是一些细微的摩擦，也会令当事的双方骂个不停，就像两根电线一接触就会产生电火花一样。在中国，开口即骂的现象，是不分男人女人、等级阶层的，而且一直如此，到处如此。经常听到中国人抱怨说，女人骂人比男人更恶毒，更持久，正所谓：女人不裹脚，舌头利如刀。孩子在咿呀学语时，父母就经常教他们用土话骂人，并把被孩子辱骂当成是一种乐趣。可以说，骂人已经成为中国人的第二天性，普遍存在于中国社会各阶层中。无论是文人，还是各级政府官员，甚至是最高级别的官员，一旦他们被惹怒了，就会像自己手下的苦力一样恣意骂人。普通百姓在街头碰面，竟然用骂人的话来打招呼，以表明他们之间关系亲密。

西方人骂人时，声音不高，但一针见血、刺人人心。中国人则认为，骂人时不拉大嗓门，就显得毫无意义。英语中的诅咒如同长着翅膀的子弹，中国人的咒骂则像肮脏的皮球。中国人骂人的话，通常被当作是一种咒语。一个人发现自家田里的谷穗被别人偷走了一些，就会大声唾骂那个未知的小偷，尽管他已经怀疑到是谁了。

人们认为，这样做具有双重作用：第一，向大家表明他发火了，骂人可以发泄出心中的火气。第二，骂人可以作为一种惩戒，阻止偷东西的人再次作案。偷东西的人躲在暗处，（理论上）听着冲他而来的咒骂，虽然他还没被发觉，但他不能保证不被发觉。被偷的人可能知道谁是偷东西的人，但他更乐意当众大骂一通，以此来警告偷东西的人——他已被发觉或被怀疑了，日后最好不要再偷东西了。如果被偷的人过于愤怒，就意味着他会像偷东西的人展开报复。这就是中国人当众骂人的理论。他们也坦率地承认，这样做不仅不能防止被偷，而且也无法防止不再次被偷。因为在大庭广众之下，小偷未必知道自己被骂了。

相对而言，中国女人比男人更擅长骂人。她们经常爬到平房顶上，扯着嗓子一骂就是几个小时，直到嗓子变哑了为止。在一个有社会地位的体面人家，如果家庭人员出面制止，就不会出现这种行径。但是，中国女人与其他国家的女人相仿，一旦她们被激怒，就难以约束。一般说来，人们很少或者根本不会关注骂人的人。有时候，偶然会看到巷口有个男人，或者屋顶上有个女人，早已骂得面红耳赤了，周围却一个人影也没有。

如果天气很热，他（她）大骂一阵后，会挥着扇子稍事休息，再继续叫骂。

中国人吵架吵到一定程度时，不动手就收不了场。在欧洲南部旅行的英国人惊异地发现，拉丁民族打架时通常将拳头从肩膀处击出。中国人和拉丁民族一样，从未学会拳击，就算学过，也是不伦不类。他们勃然大怒而不得不动手时，就会揪住对方的辫子，拼命撕扯对方的头发，这是他们最常见的打假手段。如果只有两方人员打斗，各自又都没带家伙，“打斗”十之八九会变成一场扯辫子比赛。

中国人的争吵，可以看作是对骂比赛。除了双方可能会把嗓子喊破外，即使是势单力薄的一方，也不会有什么严重损失。我们从未听说过，旁边者在对骂双方相持不下、难解难分之际来火上浇油、从恿动武。反倒是对骂双方准备大打出手了，旁观者会马上挺身而出充当和事老——通常会有两三个，这正是我们所期望的。和事老将对骂双方拉开，然后好言相劝，让他们息怒。可是，对骂双方中处于优势的一方，一旦发现自己被和事老牢牢地看管着，就会骂得更凶；不过，他只是表面上表现得更凶，其实心里是很有分寸的，只要发现对方有偃旗息鼓的意向了，他就明智地逐渐收敛，随时准备停止这场争吵。毕竟，这样做对双方都有益。

每一个中国人都牢记着这样一条准则：无论在理论上，还是在实践中，即使在怒不可遏之际，也要保持理智。谁见过吵架的人被劝架的人拉住后，反而扭住劝架的人，斥责他多管闲事呢——即使在吵架的紧要关头。因此，中国人在发怒时也是渴望和气的——在抽象意义上——只不过考虑到事关自身，难以实现罢了。和事老劝架时，总是拉走好斗的一方，但当事人会一边后退一边骂，以此向对方表示蔑视。

令人更难以理解的是，中国人骂人时并不会揭露对方的实际过错，而宁愿侮辱对方的祖辈先人，或者讽刺对方的卑贱出身。挨骂的人通常会感觉到自己的尊严被对方深深伤害了，但这并不是因为对方当着众人的面骂了他，而是因为骂他的那些话令他太丢“面子”了。骂人的人也会觉得自己做得不对，但并不是因为自己的行为不够光彩、有失身份，而是因为自己选错了骂人的时间。

幸亏中国人没有随身携带武器的习惯，假如他们随身带着手枪，或像日本过去的武士那样随身佩剑，真不知他们的发怒每天会引起多少惨剧。

中国人一旦觉得自己受了莫大的委屈，就无法控制心中的怒气，做出出格的事来。据说有个男人，请求一位有经验的老传教士给他做洗礼，但遭到了委婉的拒绝。于是，他立刻拿起一把刀子，威胁老传教士为他洗礼。幸运的是，大多数上帝的信徒对这种凭武力进入天国的方式不感兴趣。但是，中国社会却普遍存在这种潜在的原则。一个中国老太婆向你乞讨，如果拒绝向她施舍，那么她就会躺在你的马车跟前要挟你。一旦你的马车轧到她了，她就以此为借口勒令你永远供养她。

笔者以前住的那个村子里有个老泼妇，她经常以自杀威胁别人，以期让别人毫无条件地帮助她。尽管很多人都乐于帮助她，但她却一直不满足。有一次，她又要表示自己的不满，就跳进了池塘里，想淹死自己。可是，池塘的水只能淹到她的脖颈，她无法把头浸到水里。为此，她羞恼成怒，破口大骂全村人。不过，她第二次跳河的时候，成功地淹死了。

中国人遇到冤情，但又无法通过法律手段解决时，就常常私了。比如：法律上没有明文规定婆婆不准虐待儿媳，而社会习俗也允许这种行径。儿媳受了婆婆的气，就只好靠娘家去讨还公道。如果遭到拒绝，儿媳娘家肯定会跟儿媳婆家发生一场争斗。如果没有遭到拒绝，但是儿媳的婆婆逃之夭夭了，儿媳娘家就把儿媳的婆婆屋里所有的物品，像镜子、水罐之类的都打碎，直到出完恶气后才走。如果儿媳婆家人事先知道了风声，就会把东西搬到某个邻居家里去。

中国一家报纸刊载了这样一件事：一个北京小伙子跟一个漂亮的北京姑娘订了婚，不料在婚礼上却发现新娘又老又丑，而且还秃顶。失望的新郎怒火中烧，狠狠地揍了媒人一顿，痛骂所有来参加婚礼的娘家人，还砸毁了新娘的嫁妆。我们相信，无论哪个中国人遇到这种情况下，只要他有胆量，都会这样做的。不过，怒气总有平息的时候，那就要看“和事老”——他们在中国社会生活中的作用非同小可——有没有能力了。这些“和事老”都热衷于和平，即使事不关己，也会主动出面，两边劝慰，

促使双方互相谦让，友好相处。

当社会纠纷无法用普通的途径解决，或者说当事人怒气太盛，难消心头之恨时，只能付诸法律手段——打官司。在中国，打官司是件“要命”的事。当一个人因极度愤怒而完全失控，大吵大闹也无法平息心中的怒气时，最后就会决定将犯事的人告上衙门，以求“法办他”。在西方，人们一般都很谨慎，不会如此鲁莽；而在中国，这完全是种发疯的行为。中国有句俗语说，宁愿死也不去打官司，因为打官司比死还要糟。

自家的狗被别人打死，只不过是一桩小事，我们大可以一笑了之。可是一位中国移民的狗被邻居打死后，却扬言要去告官。有位朋友劝他说：“一条狗能值几个钱？”他说：“狗是不值钱，可打狗的那家伙太龌龊了，我必须让他赔偿。”对于这样的官司，西方法庭会开出高昂的诉讼费，以阻止被告人起诉。而在中国，可能会导致被告和原告两败俱伤，并结下世仇。一般来说，中国人的每一起官司，双方通常都会找些“和事老”来说情。这种“和事老”无处不在，收取的调解费也很高。在他们的调解下，成千上万的案子在审判前就私了了。笔者听说有一个上千户人家的村庄，几十年来都没人打过官司。究其原因，原来是当地衙门中有个重要人物一直在制约着他们。

一部复杂如中国的社会机器，肯定会经常吱吱嘎嘎作响，甚至在巨大的压力下扭曲变形。但实际上中国社会一直完好无损，并没有在压力下断裂、毁灭。中国政体像人体一样具有大量的润滑液囊，往往会在最紧要的时刻和最关键的部位渗出一滴来，起到极佳的润滑作用。

爱好和平的本质，促使每个中国人都在社会中发挥着自身价值。他们热爱秩序、尊重法律，甚至在秩序和法律不值得维护时也对其予以尊重。在所有的亚洲民族中，中国人似乎是最容易统治的，只要统治方法符合他们的习惯。毋庸置疑，世界上其他文明在很多方面或大多数方面，要比中国文明优越得多。不过，能像中国社会那样承受巨大压力的文明，似乎寥寥无几。中国得以形成这种局面，最功不可没的，当属那些“和事老”。

第二十三章

共责守法

中国人有个显著的特点，可以用“责任”一词来形容。这个词所包含的重大意义和丰富内涵，是西方任何一个词汇都无法比拟的。我们深知，在西方，个人是社会的基本单位，社会是个人的集合体。但在中国，社会的单位却是家庭、村庄、宗族，而这三者通常又是一致的。中国有成千上万的村庄，每个村庄的居民几乎都源自同一个祖先、同一个姓氏。他们共享一块热土，世系从来没有断过，可以追溯到几百年前的一次政治大动荡，比如明朝灭亡时代，甚至是明朝初建的时代。在这样的村庄里，最远的亲戚关系也是堂亲和表亲，所有的年长男性，不是父亲，就是叔叔伯伯，要么就是某种辈分上的“爷爷”。有时候，一个小村庄里竟然会有十一代人。当然，这并不像我们预想中的那样——年龄越大辈分就越高。

中国人结婚很早，而且在晚年还经常娶年轻的女人做妾，不断地生育子女，结果就造成了错综复杂的亲属关系。如果不专门询问并仔细注意名字中表明辈分的字，那么就无法弄清楚谁是晚辈、谁是长辈。一个年近七十的老翁，可能会管一个三十岁的人叫“爷爷”。

所有同辈的堂兄弟都互称“兄弟”，假如一个外国人对此疑惑不解，非要问清楚他们究竟是不是“自家兄弟”，他们就会给出一个耐人寻味的答案：我们是“自家的堂兄弟”。笔者就曾这么问过，结果那个人稍

一犹豫，说：“当然是了，你可以当他们是自家兄弟。”

这些例子，恰好可以说明中国人社会团结的一面。正是这种团结，支撑着中国人的责任感。父亲对儿子有责任，不仅要在“儿子”成年以前负责，而且要对儿子终生负责。同理，儿子也对父亲终生负责。兄长对弟弟有责任，而“一家之长”——通常是最老一辈中年龄最大的男人——要对整个家庭或家族负责。不过，情况不同，这些责任也有所不同。

中国各地的风俗习惯相差悬殊，但不论在哪个地方，“个人权威”都是至关重要的。在一个显赫的大家族里，虽然有不少博学强知的人，有的还是当地显贵，或者是科班出身的，但是“族长”却可能是个头脑糊涂的老人，不单目不识丁，甚至一辈子都没去过离家十里以外的地方。

在大家族中，兄长对弟弟的影响，或者年长者对年幼者的影响，往往是最直接、最绝对的，这与西方人所提倡的个性自由完全无法相容。弟弟的地位就像是一个仆人，恨不得早点改变自己的处境，但是兄长们不许他这样做。弟弟想购置一件棉衣，如果兄长认为太贵，就不准他花这笔钱。

笔者正在写这本书时，看到这样一篇报道：一个中国人手上有一些罕见的古币，有个外国人很想买下来。外国人担心钱主不愿意卖——中国人一旦有一样别人想要的东西时，通常都不会卖掉。针对这种情况，中介人建议外国人给钱主的叔叔送一些西洋糖果之类的小礼品，让钱主的叔叔给钱主施加压力，最后迫使钱主把古币卖掉。

有这样一个荒唐可笑的故事。一位来自西方国家的旅行者，途中一个长着长长白胡子的老人正在伤心地哭泣。旅行者感到很好奇，就走上前去问老人：“您为什么哭啊？”老人回答说：“我刚才被父亲用鞭子痛揍了一顿。”旅行者问：“那你父亲在哪儿呢？”老人用手指了指前方，说：“在那个方向呢。”旅行者便骑着马顺着老人指的方向往前走，果然遇到了一个胡子更长更白的老人。旅行者走近前去问这位老人：“刚才我遇到了一个老人家，那是您的儿子吗？”“是的。”“您用鞭子揍了他？”“是的。”“您为什么揍他呢”“因为他不尊敬他的爷爷，如果他再那样的话，我还会揍他的。”如果把这个故事的背景换成中国，就比较现实了，也就不再令人感到荒唐了。

家庭成员之间应该互相负责，邻居之间也应该互相承担责任。无论邻居之间是否有亲戚关系，都应该互相承担责任，毕竟住处相邻。中国人说，近朱者赤，近墨者黑，意思是善良和邪恶可以互相传染。孟母三迁，就是为了找一个称心如意的邻居。而接受了盎格鲁—撒克逊民族共和思想的人，是不会在意谁做他的邻居的。假如他在城里某个地方住上一年，可能连隔壁邻居叫什么名字都不清楚。这种情况，在中国是不可能出现的。如果一个中国人犯了罪，那么他的邻居也难逃干系，会被认为犯了英国法律所说的“知情不报罪”。这是因为，他知道罪犯的企图，却不向政府报告。就算他说“我也不知道”，那也没有用，既然他身为邻居，就应该知道隔壁人家的事情。

对弑杀父母这种重案的处理，最能证明中国人的负责观念。在“孝悌为先”一章中，我们已经提到，有这种行径的人通常被认为是疯子，如果他不自杀，就应该心甘情愿地接受凌迟之刑。几年前，北京《邸报》上刊登了一份中部某省巡抚的奏折，据他说，他在处理一件弑杀父母的重案时，命人推倒了这个罪犯所有邻居的房屋，因为他们没有以身作则，用良好的道德情操去教化改造那个罪犯。对中国大众来说，这种处罚方法确实是合情合理的。某地发生一起罪案，除了惩罚所有相关人员之外，还要将一段城墙拆毁，或者修正一下城墙的风格，比如，将城墙的方角改成圆角，把城门换个位置，甚至干脆将城门封死。如果某个城市经常发生犯罪事件，据说整个城市都要被夷为平地，在别的地方另建新城，不过我们至今还没遇到过这种事情。除了邻居之间要互担责任外，村里的地保也要尽职尽责。地保统管一个或几个村子，有时职责范围甚至扩大到许多村庄。无论哪种情况，地保都充当着沟通地方政府与百姓的媒介。正因如此，村里发生了任何纠葛，都可能会让地保陷入麻烦中。如果碰到吹毛求疵的地方官，不管地保知不知道实情，他都会因没有及时汇报而被打得皮开肉绽。

地位比地保高一级的是县官，在管辖区的老百姓心目中，他们是最重要的官吏。确切地说，县官在百姓面前是老虎，但在上级面前却变成了老鼠。一个县官往往身兼数职，至少担任六种职务，分别是民政事务审判官、刑事司法官、行政司法长官、验尸官、财政长官和税务官。一个县官要做如此多的事务，无论在生理上还是心理上都是超负荷的，因此不可能面面俱到、事事分明。况且，很多县官对任何工作都兴味索然，只一门心思想着如何利用职务捞油水。再者，就算县官品行优良，在处理繁重的工作以及难以协调的关系时，也难免有所疏漏，从而犯下不少错误。一旦在某些事情上处理失误，县官就难辞其咎。为了减轻压力，县官不得不依靠师爷和随从们共同处理诸多事务。与所有的中国官员一样，县官被认为理应对辖区内的一切都了如指掌，而且无事不能，可以随时防患于未然。为了让县官便于了解辖区百姓的情况，每个城市或乡村中都将十户归为一甲，并选出一个甲长。此外，每一户门前还要挂一个牌子，上面注明户主的姓名及家庭人口数目。这种登记制度，有利于确立责任区，类似古代盎格鲁—撒克逊人十户区或百户区制。一旦有可疑的陌生人出现在某区，该区第一个看到的人就马上通报甲长，甲长则马上通报地保，地保又马上通报给县官，县官便马上采取措施“严加搜捕，严加惩处”。地方上所有的犯罪，如果不是由“面目可疑的陌生人”触犯的，而是由固定住户触犯的，那么固定住户实施犯罪之前就会被发觉。通过这样简便的保安程序，就能保证良好的民风代代相传。

显然，这种程序只有在住户固定的地区才能生效。但是，即使在中国这样一个住户极其固定的国家，保甲制度在很大程度上也只是一种法律上的假设。有时，在一个从未见过门前挂牌子的地区，突然看到每户门前都挂上了牌子，那就说明县官要来落实这方面的管理工作了。有的地区，只有冬季才会在门前挂牌子，因为冬季坏人最多，最危险。但据我们了解，保甲制度只是一种旧日理论，本质上是形同虚设的。现实中，这种程序几乎已经不存在了。假如你在中国连续走几千里路，走上几个月，就会发现沿途城乡挂门牌的人家还不到百分之一。

上文已经说过，中国的保甲制度与所谓的人口调查密切相关。如果每户人家都在门牌上一直准确标明人口数目，每一个地保都持有一份其管辖区人口的清单，每一个县官都准确地将清单汇总，那么按照“整体等于部分之和”的原则，只需把一长串的清单数目加起来，就能轻易地统计出中国总人口了。可惜，这只不过是“如果”，事实上这些条件都不能实现。标注各户人口数目的门牌，根本就不存在。当某个县官偶尔需要了解辖区人口数目时，无论是他本人，还是他手下众多的地保，都不能保证给出一个准确的数目，因为人口调查没有好处可得，他们也便毫无兴趣做这种事了。

基于此，我们只能从想象中虚构出所谓的中国人口准确数目了。即便在最为进步的西方国家，人们也总是把人口调查跟税收联系在一起。在中国，人口调查更是让人疑心重重，除非各地都能将保甲制度认真切实地贯彻下去，否则就别想获得一个准确的人口调查数目。

一个县官，偶然犯点小错，可能会因此遇到大麻烦，也可能平安无事。关键在于，他能否找一些有影响力的朋友帮忙说情，或者明智地花点银子疏通关系。如果他这样做了，就可以逍遥法外。就算他最终还是丢了乌纱帽，也会托词说其辖区内发生了无法避免的事情。这种现象，在中国是非常普遍的。

接下来说一下各级官员是如何履行责任制度的，这个话题的相关事例在每一期的《邸报》译稿中都屡见不鲜。几年前，该报就曾披露过这样一件事：一个值班的士兵监守自盗了大约三十箱子弹，然后卖给了一个打铁的人。铁匠认为，这些子弹是部队没用的剩余物资。案发后，偷盗的士兵被重打了一百大板，流放到边疆服苦役；部队仓库的负责官，虽然被允许交钱赎罪，以减轻处罚，但还是被判打八十大板，并革去职务；铁匠由于不知情而免遭处罚，但按常规必须打四十小板。管理那个偷盗士兵的连长，因为"纵容犯罪"，也被撤职查办，不过他听到风声后，及早溜走了；对于该部队的最高指挥官，刑部认为也应该做出处罚，因为他也脱不了干系。由此可见，案件相关人员中的每个人，都如同锁链上的一个环节，谁都不能以不知情或无法避免犯罪为借口，逃避责任。

在北京《邸报》每年都刊登的关于河流泛滥的奏折中，可以找到更多的事例证明中国人之间互相负责的优良特性。1888 年夏季，直隶省永定河泛滥成灾，河水从山上倾泻而下，一泻千里。官员们得知消息后，立即赶到了现场，冒着生命危险奋力抗洪。可惜，在肆虐的洪水面前，他们就像暴风雨中的蚂蚁一样凄惶无助。尽管如此，李鸿章还是要求他们解开衣衫纵身下水，否则就地革除官职（这是朝廷不满时最常用的手段）。直隶总督在写给刑部的奏折中，毫不犹豫地附上了自己的名字，请求承担抗洪不力的部分责任。类似的河水泛滥后来又发生了几次，每次都有官员呈上相似的奏折，请求责罚。对于这种情况，皇帝也经常命令有关部门记录“备案”。还有一件事情：几年前，河南省修复河堤以使黄河回归古道，但以失败而告终。这就意味着，自河南巡抚开始的大批下属官员要被罢黜或流放。

中国人具有强烈的责任感，即便是天子也不例外。皇帝时常发布诏书，把洪水、饥荒、暴乱等责任归咎于自己，并向上苍祈求宽恕。皇帝要对上苍负责，正如臣民要对他负责一样，是十分现实的。一旦皇帝失去帝位，就表明他失去了“天意”，上天就会将皇位交付一个有能力统治国家的人。

一人犯法、株连九族，中国人这种共担责任的观念与西方最为抵触。在镇压太平天国起义中，有许多这样的例子。不过，这种残暴的刑罚并不限于镇压起义上。1873 年，一个中国人被指控掘了一位皇亲的陵墓，盗走了皇陵中的陪葬品。在最后的判刑中，这个罪犯及其全家四代人——上至年近九十的老人，下至几个月大的婴儿，全部罪当处死。在这个案子中，除罪犯一人外，其余受牵连的人全是无辜的，根本没有任何证据能证明其中任何一个人是同谋。

中国人经常认为各项制度之所以得以长久保持，其原因之一就是他们具备责任观。责任观就像脚镣手铐，束缚着每一个中国人，就连各级官员也会因从未参与或根本不晓得的事情而受到处罚。这种现象，不仅颠倒了所有的公正原则，而且违背了人性。于是，各级官员自下而上全都掌握了一套弄虚作假的手段，以应对如实汇报情况还要受到严厉惩处的局面。如果一个官员要对某些犯罪事实负责，而这些罪行又不易控制或是查办得太迟，那么他就会掩盖真相，以逃避责任。由此可知，中国之所以出现执法混乱和缺乏公正的现象，是因为过分要求人们彼此负责。对此，我们会经常加以关注的。

每一个致力于研究中国的人都会注意到，中国官僚体制还有一个弊端，那就是官员们单靠俸禄是无法维持生活的。虽然官员们有津贴，但却少得可怜，还常常不能完全领到，甚至会当作各种罚款交回去。如此一来，衙门中的日常开支都难以为继。针对这种情况，官员们不得不贪污受贿，否则根本活不下去。中国人的责任观与公正原则相违背，这是给我们留下了深刻印象的事实，但是我们不能因此而忽略了其长处。在西方，一个人在被证明有罪之前，是清白无辜的，而且很难将责任强加到其他任何人头上。一座桥梁被一列满载旅客的汽车压断，是无法将这一责任归咎于某一个人的。一座高楼倒塌了，压死了很多人，建筑师受到指责，可他表示自己已经尽到最大的努力，于是他不会因此受到处罚。一辆装甲车翻了车，或者一次军事行动因准备不足而失败，人们也只是指责体制上的种种弊端，而不会单独针对某个人。中国人在公正观念上确实比我们落后，但他们每个人都严于律己，从而维持国家的安全，难道我们不能从中国人这个古老的经验中学到些什么吗？

中国人共担责任的理论，对于居住在那里的外国人也很重要。家里的“仆人”必须掌管任何一样东西，能随时取出一把勺子、叉子，或者一件古玩。负责家务的总管，不允许任何人欺骗你，除非是他本人。掌管买办的人，尽管大权在握，但他会对每一个职员和每一分钱负责。类似这样负责的人，我们经常会遇到，只要是同中国人打交道。

中国的客店老板，向来恶名远播，尤其在算计外国旅客这方面。可是我们听说，有个中国客店老板追了一个外国人半英里路，只为了送还一只空的沙丁鱼罐头，他以为那是外国人忘记带走的贵重物品。他认为自己有责任这样做，而不像美国旅馆的老板那样，冷冰冰地告诉旅客：“丢在大厅里的脏靴子，本旅馆概不负责。”

如果要举荐一个人，举荐人就应对此人的品质、行为和债务责任，中国人普遍认为这是义不容辞的责任。与中国人打交道的外国人，千万不能忽略这一点。一个工头，无论他处于什么地位，都应对他录用或解雇的属下负责。这种现象，对事情的各个环节都具有特殊的影响。外国人在与中国人打交道的漫长历史中，一直本能地对此表示赞赏。据说，很久以前，一位在银行做事的买办，竟因男仆让一只蚊子钻进了银行经理的蚊帐，就被经理叫去问话。如果中国人发现外国人对下属不负责任，或者不把责任当回事，那么过不了多久，中国人就会以一种令外国人极不适宜的方式去行事。

中国人具备许多令人赞叹的品质，其中之一就是天生守法。我们无从知晓，究竟是社会制度造就了这种品质，还是这种品质造就了社会制度。但是，我们很清楚，无论从与生俱来的本性，还是从后天受到的教育上来讲，中国人都是一个守法的民族。在谈论中国人具备忍耐品德时，我们已经说过这一点。不过，最值得注意的是它与中国人责任感之间的联系。

在中国，每一个男人、女人和儿童都对其他人直接负责，这一重要事实要时刻铭记在心。尽管一个人可以“远走高飞”，但他始终摆脱不了自己应付的责任。就算逃脱了，他的家庭也逃脱不掉。这种坚如生铁般的原则，虽然不能保证一个人弃恶从善，但常常可以防止他变成十恶不赦的人。

再来说一个中国人尊重律法、服从律法的例子：中国人，尤其是文人，很怕与人打官司、进官府。文人一旦被召到官府，就吓得魂不守舍，除非不得不讲话，否则他们是不会开口的。就算事不关己，文人也一贯如此。笔者就知道一个文人，被请去出堂作证时，竟然吓得像患了癫痫病一样；有一次作证后，他当堂昏倒在地，回家不久就去世了。

中国人与生俱来尊重法律，这与共和政体兴盛的地方所展示的精神成鲜明对比。应该说，这种精神是由历来就追求共和政体的先辈们创造的。学院法规、市政法令、国家法律，都遭到默默的抵制，似乎坚持个性自由是当前最大的需求，而不是最大的危险。阻止、揭露虚伪和欺骗是个人或社会应尽的职责，这种做法是对处理中国各种公众事务的最为严重的对抗。

然而，在基督教国家，无论是没有文化的人，还是受过教育的儒雅之士，都会有意无意地漠视法律，似乎违反法律比遵守法律更能体现法律的尊严，这种行径岂不是很不光彩吗？我们的法律既没有被废止，也没有贯彻执行——这种法律可有可无的不正常状态，使所有的立法都受到公众的蔑视。对此，我们应该怎样做出辩解呢？此外，我们怎样解释西方国家近三十年来犯罪率居高不下，人类生活的神圣感明显淡化这一现实呢？对于统计学无能为力的事，我们自然无法进行武断的评价，那是无济于事的。我们必须承认，生活在中国城市中要比生活在美国城市中更安全——北京就比纽约安全。同时我们相信，在中国旅游比在美国旅游更安全。我们必须记住，从总体上说，中国人像美国移民一样天真，一样怀有偏见，而且容易被教唆聚众闹事。但令人奇怪的，就算这种事发生了，也很少会危及外国人的生命安全。

中国人认为，人类的行为和精神会影响到上天的意志。我们谈及孝心时，中国人为给父母治病而割自己身上的肉的例子，就体现了这种观念。我们不认为这种观念是正确的，但某些支持这种观念的事例却值得注意。

中国18个省的地理环境和面积，与美国落基山以东的地区极其相似。美国的气候反复无常，就如年幼的麦乔里·弗莱明评论乘法口诀时所说的“令人难以忍受”。霍桑评价新英格兰时，也说那儿“没有气候，只有各种天气的样本”。我们把波士顿、纽约、芝加哥的气候与中国同一纬度地区的气候作一下对比，就可以看出，中国气候跟地理学所确定的美国气候一样，也有“严寒酷暑”，因为在北京所处的纬度上，年温差大约有100华氏度，这自然会引发各种不同的气候。

但是，在中国，冷热交替的气候表现得平稳有序、宁静缓和，完全不像我们伟大的共和国——美国那样变化无常、无法预料。中国这种气候，正好符合她那古老稳定的社会体制。中国的历书，体现了天、地、人三者的和谐统一。我们无法确定，中国的疆土如此辽阔，各地的百姓是否都采用同一种历书。不过，在我们碰巧熟悉的诸多地区，确实有很多能让人们判断天气的信息。比如，在几个不同的年份里，我们都在“立秋”那一天感觉到天气有所变化，之后就再也没有夏天的燥热了。在西方国家，突如其来的霜降会给人们造成危害，而且霜降在一年十二个月中会不定期出现。为避免这一点，中国历书在二十四“节气”中定下了一个“霜降”。有一年，“霜降”的日期是10月23日。这天之前，一点轻微的霜都见不到。而这天早晨，地上就蒙上了一层薄薄的白霜，以后天天都会如此。我们观察这个现象很多年了，发现其误差不超过三天。

在中国，不仅这些非生物的东西出没得合情合理，而且动物们也出没得合情合理。很多年前早春的某一天，我们都注意到窗棂上有几只苍蝇，而我们已经有好几个月没看到苍蝇了。这个时候，只要翻开中国的历书，保准能发现这一天是“惊蛰”。

据说，讲英语的民族，体内都流淌着肆无忌惮的血液，它使我们藐视法律的管制，不习惯受到制约。布莱克斯顿说：“我们强健的英国祖先认为，身为自由人，在特定的时间才能自由地活动，这是无法忍受的。”不过，也正因为我们祖先勇敢无畏，才使得个人自由观念和天赋人权学说在短时间内确立了下来。然而，既然现在这些权力已经很好地确立了，为什么我们不能多强调一下个人意志必须服从公众利益，多维护一下法律的尊严呢？在这方面，我们不是有很多东西应该向中国人学习吗？

第二十四章

相互猜疑

没有一定的互相信赖，人类就不可能共存于一个有组织的社会中，尤其是像中国这样一个组织高度严密、复杂的社会，这更是不容置疑的事实。在承认这一事实的前提下，我们也同样很有必要注意一系列的现象。这些现象可能会与我们的观念相冲突，可对于了解中国人来说，却都是千真万确的。

我们将要谈到的主题是中国人的相互猜疑，这一性格特征不仅限于中华民族，而且所有的东方民族都具备。不过，创立中国各种制度的精英们无疑大大改变了这一特征的表现形式。一个人碰巧知道一些与他无关，但可能引起严重后果的的事情，就会十分危险，因为这最能引起猜疑。中国人如此，其他民族也不例外。

在猜疑之风长期盛行的中国，最引人注意的是各地环城而建的高墙。汉语中，“城”字的意思是被墙围起来的城市，就像拉丁文里“军队”一词具有“训练”或“操练”的含义一样。中国的律法，要求每个城市都要按照规定把城区围起来。同其他法律一样，这一条文并没有得到实际落实，因为很多城墙没有任何保护设施，人们总是凭其坍塌损毁。

在太平天国起义中，有一座曾被起义军占领了好几个月的县城，尽管城墙没被彻底摧毁，但在之后的十多年里都没有重修起来。许多城市只有一道形同虚设的土墙，连狗都可以任意爬进爬出。在所有这些情形中，事情总是从理想状态衰败下来，究其原因，是中国的贫穷造成的。一旦事态危急，第一件事情就是修复城墙，而修城又成了官吏或暴发户掠夺的最佳途径。

中国的城市之所以有那么多城墙，是因为政府对人民的不信任。尽管从理论上说，皇帝是子民的父亲，他的臣下也被称为“父母官”，但上上下下的人都清楚，那只不过是一种说法而已，就像说“加”或“减”一样。确切地说，人民与统治者关系如同孩子与继父的关系。

整个中国历史，农民起义层出不穷。如果中央政府能够及时地采取适当的行动，大多数起义显然可以避免。可是，政府并没有及时采取行动，或许政府力不能及，或许政府根本不想那样做。与此同时，正如政府所知道的那样，农民起义渐渐壮大起来。可是，官员们却像缩到硬壳里的乌龟，或者躲在刺球里的刺猬，迅速撤入准备好的防御城堡中，把动乱留给军队慢慢去解决。

与其他东方国家的城镇一样，中国居民所有房屋周围也建有高墙，这是他们相互猜疑的另一表现。与中国人交谈时，如果让外国人故意说伦敦、纽约这类城市是“围着高墙的城市”，无疑会让他们感到为难。同理，让那些对西方国家感兴趣的中国人懂得西方国家的人民为什么不在住所周围修建围墙也是相当困难的。中国人会立刻作出判断，那些西方国家没有什么坏人，尽管这种判并无根据。

中国众多的人口聚居在各地乡村，构成了一个个微型城市，但防御的不是外来敌人，而是彼此防御，这也可以说明中国人相互猜疑。据我们了解，只有一些山区的中国人才不这样聚居。那里土地非常贫瘠，只能养活一两户人家，而那里的人又实在太贫穷，根本不怕贼偷。比如，巴伯先生描绘了四川省的情况：“地主和佃户无一例外地住在田边的农舍里，他们宁愿分开住，而不愿将住处挤在一起。”如果说这种例外之所以出现是因为古老的四川省比其他省更期望和平，那么这恰恰证实了巴伯先生所说的：“这种期望经历了许多痛苦的失望，尤其是在太平天国暴乱的那些岁月，尽管在此之前曾有过很长一段和平时期。”

在中国人以及所有东方人的社会生活中可以发现，他们在理论与实践中对待妇女的态度，也能体现出相互猜疑的特性。这样的理论人人尽知，就是花上一整章也谈不清楚。女孩子一进入青春期，就变得“像私盐一样危险”，这是大多数人公认的。一旦她们订了婚，就要过起比以往更封闭的生活。只要有一点点风吹草动，她们就会招来恶毒的流言蜚语。“寡妇门前是非多”，已经成为一条社会公理。

尽管中国妇女比印度、土耳其的妇女享有更大的自由（不过，这种自由不能只凭表面现象来判断。一位在印度德里居住了多年的中国妇女，来到山西省首府定居。据她说，中国街道上的妇女要比印度少。不过，这一现象与这段注释并不矛盾。），但中国人对妇女的尊重还是远远不够。妇女们普遍地缺乏知识，普遍地处于从属地位，一夫多妻制和纳妾制度也一直存在——凡此种种，都是对妇女的不尊重。可是在西方，尊重妇女是再平常不过的事。

我们可以轻而易举地找到并引用一些通俗的说法，来证明中国人对妇女普遍抱有怎样的心态。这些说法，可以视为长期经验的总结。女人被说成是天生低人一等、目光短浅、不可信赖的货色，还被视为嫉妒的化身。俗话说：“妇人善妒”，这里的“妒” 会让人联想起它的同音字“毒”。这种说法，有诗为证：青蛇口中舌，黄蜂尾上针。两般犹未毒，最毒妇人心。

另外，歧视妇女的观念还表现在汉字的组成结构中。作为客观的表现形式，它常常引起人们的注意。一位优秀的汉语学者，为回答笔者的请教，仔细研究了一百三十五个以“女”字为偏旁的常用汉字。结果发现，其中有十四个是褒义，如“好”、“妙”等；其余三十五个是贬义，八十六个是中性词。在那些贬义字中，有些是汉语里意思最不好的词汇。女字旁结合声旁，表示“虚伪、欺骗、邪恶、不忠、自私”等含义。三个“女”字组成的奸字，表示“私通、通奸、诱奸”等意思。

据说，人与人之间之所以相互不信任，原因有两个：一是不了解对方；二是太了解对方。中国人认为，这两种原因中的任一种原因都足以引发互相之间的不信任，他们也就相应地见机行事了。中国人天生具有联合的本领，如同化学原子化合一样。只要在适当的时机，通过适当的途径，向适当的人小心提问，就可以轻易确定中国人并不像他们表现出来的那样相互信任。同一个家庭中的各个成员，时常成为相互猜疑的牺牲品。这些猜疑多由家庭中的媳妇们挑起，她们总是使出浑身解数，挑拨丈夫与家庭间的关系，目的就是瓜分共同的劳动成果。

关于中国人的家庭生活，就不详加赘述了，那可以写上一整章。现在，让我们谈一谈在家庭生活中没有复杂的关系的人。家里的仆人，假如不是由同一位富有责任心的人介绍来的，他们就时常处于所谓的“武装中立”的关系中。如果他们当中某个人有劣迹传出来，他第一个问题不是“主人是怎么发现的？”，而是“谁把我的事情泄露出去了？”即使他明知自己早已劣迹斑斑，他的第一个念头仍然是别的仆人在排挤他。

我们听说，有个中国妇女听到院子里有人高声喧哗，便立即变了脸色，怒气冲冲地从屋子里奔出去，因为她认为人们一定是议论她。可事实上，人们在谈一桩买卖，有人想买一堆稻草，嫌卖主要价太高，就大声还起价来。

某个仆人被意外辞退，他肯定会疑心别人从中作梗，这种猜疑往往会酿成一场纠纷。他会疑心除自己之外的所有人，断定有人说了他的坏话，坚持要知道自己被辞退的原因。尽管他也知道所有的理由中，任何一条都足以使他被辞退，但他必须保住“面子”，必须充分发挥猜疑的天性。因此，他会坚持说辞退他是没有根据的。这种事情也会发生在雇用中国仆人的外国家庭里，但程度不同，因为中国仆人知道如何欺骗善良的外国人。如果雇主是中国人，这样的做法他连想都不敢去想。因此，外国人一直雇用着一群不称职的中国仆人，不敢解雇他们。外国人知道，只要一提解雇，就如同捅了马蜂窝，也就惹怒了这个事件的中心人物——那个受到指责、“不光彩”的仆人。外国人没有勇气将仆人们赶走，唯恐失败之后情况变得更糟。

有这样一个故事：在中世纪，奥地利的一座城市遭到了土耳其人的围攻，眼看就要失守了。在这危急关头，一个奥地利姑娘突然想起自己有许多蜂箱，于是立刻搬到城墙上。这时，土耳其人已快登上城墙顶头了。结果，群蜂突然来袭，致使土耳其人兵败如山倒，奥地利的这座城

市也就保住了。中国人的策略往往就像这位奥地利姑娘的计谋一样，成功对于他们仅是一种标志，而他们面对骚扰时，正如一拉丁语教授所说，人们宁愿面对风暴预警，也不面对风暴本身。难怪中国有句俗语说："用人不疑，疑人不用。"在这种情况下，中国人经常睁一只眼，闭一只眼，假装没看见。而对外国人来说，这可不是轻易能做到的事。

孩子到了能在世上独立生活的年龄，我们认为有必要教导他们：不要过于相信陌生人。而中国的孩子却不需要这种告诫，他们自打吃奶的时候就被灌输了这种经验。中国有句俗话说，一人不进庙，两人不窥井。我们感到迷惑不解，为什么一个人不能进庙呢？因为和尚可能会趁机谋财害命！两个人不能一起窥井，是因为假如一个人欠了另一个人的债，或者一个人身上有另一个人想要的东西，另一个人可能会趁机把同伴推入井里。

在中国人的日常生活中，也可以找到一些相互猜疑的例子。在西方国家，有自由无压抑，而中国却恰恰相反。对我们来一说，处理一件事情，理应采取最简单、最有效的方法。但是，在中国却完全不同，他们需要考虑许多不同的其他因素。无论遇到什么事，大多数中国人考虑最多的是两种东西——钱和粮，它们是中国人生活的两个核心。

将一笔钱交到某个人手里，然后由这个人按既定的方案分配给大家。对于这种事，中国人向来很难相信，因为他们从没体验过这样的分配方式，而他们所经历的许多次分配，都有一个显著的特点，那就是钱被别人千方百计地克扣了。同理，安排一个中国人负责给其他人分发食物也很困难。如果仔细询问接受食物者，他们就不会公开表露自己怀疑分配者从中克扣食物。但是，他们很可能只是将不满情绪压制下去了。因此，我们不能据此认为猜疑是不存在的。其实，只有外国人才会提出这种问题来，中国人早就料到猜疑是不可避免的，就像机器总会有摩擦一样。

中国旅店里的侍者有一个习惯，他们总是在客人付完钱即将离开时大声报出账单上的细目。这不是为了称赞客人出手阔绰——有的出门人以为是这样——而是有更实际的目的——使其他侍者都知道客人并没有私藏小费或“酒钱”。其实，所有侍者都希望得到小费和“酒钱”。

人们经常讨论中国人的社会团结。有些时候，整个家庭或整个家族可能会干预某个家庭成员的个人私事。这时，一个明智的外姓人应该格外谨慎，最好不要插手这样的事情，以免惹祸上身。有句俗话很有道理：“不同姓，勿相劝。”我们的事情，这家伙掺和什么？一定是居心不良。对于终生为邻为友的人尚且如此，更何况局外人以及与当事人没有特殊关系的人呢？

在中国，“外”这个字具有不同的范围和意义。外国人来自“外”国，因而会受到排斥。如果一个外来者背景不明，又不想让别人了解他，那么情况就会变得更糟糕。谨慎的中国人禁不住会想：“谁知道这家伙葫芦里卖的是什么药？”

一个旅行者不巧走错了路，到达一个村庄时天色已晚，尤其是在时辰很晚的时候，他通常会发现，没有一个人肯走出房子给他指路。笔者有一次就转悠了好几个小时，想花钱雇个向导，可求了很多中国人，不但没人愿意，而且连我的请求都听不进去。

中国私塾里所有的学童，上课时都会扯着嗓子诵读课文，不仅有害于他们的发音器官，而且令外国人心烦意乱。这是一种传统，如果有人刨根问底，就会被告知，老师听不到读书声，就会怀疑学生们读书不专心。学生背诵时要背对着老师，这种古怪的方式是为了防止学生偷看老师拿在手上的书。

并不是每一种文明形态都主张款待陌生人，在与东方人有了实际接触后，所罗门那些关于提防陌生人箴言获得了新意。但是，中国人的警觉程度已经达到了难以超越的高度。一位中国教师受雇于一个外国人，做收集儿歌和童谣的事务。有一次，他听到一个小男孩哼唱着一支单纯的儿歌，恰巧他没有听过，就让小男孩再唱一遍。可是，小男孩吓得赶紧跑掉了，此后再也没有露面。可以说，这个小男孩是中国环境的典型“产物”。一个精神失常的人离家出走了，他的朋友们四处打探，希望能够找到一些关于他的线索。其实，他们很清楚，这样做是无济于事的。假如有人说曾看到那个精神失常的人在某地待过，但后来又失踪了，寻找的人自然会问：“你把他怎么着了？”这样，麻烦就来了。因此，在面对陌生人的问话时，人们肯定会采用的最为安全的办法，那就是装作什么都不知道。

我们根据经验得知，当一个中国人来到一个陌生的地方，寻找一个当地人都知道的人物时，也会碰到类似的情况。有一次，一个看似来自邻省的人，到某个村子去找一位名人。结果，他到达那个村庄后失望地发现，人们竟然一致矢口否认村里有这个名人，而且还信誓旦旦地表示，连听都没有听说过这个名人。这种众口一词的假话，并不是事先串通好，编造出来的，因为村民们没有串通的时间，他们之所以不约而同地这样做，是因为他们就像草原犬鼠看到陌生的东西时立即缩进洞里一样，是出于一种本能的反映。

在所有这类事例中，根据一句简单招呼在口音上的细微差异，就可以判断一个人大致来自哪个地区。一个乡下人碰到外乡人，就经常被外乡人盘问他家住在哪里，距离某地有多远。他们似乎想要判定，这个人有没有欺骗他们。同样，一个自称秀才的人，不仅会被学者们询问他何时“进学”，还要被问到他文章的题目是什么以及是如何完成的。这样一来，如果是骗局的话，就很容易被揭穿，事实上也经常如此。一个外来者不要企图冒充是某地的当地人，因为口音上或多或少的差异会让他露出马脚。

陌生人不仅很难找到某人的线索，而且他的行为会引起普遍的怀疑，就像前面说的那个例子，他还会受到整个村子的抵制。有几个中国人曾长期在一家外国医院就诊，笔者派另外几个中国人去找他们，结果一个人也没找到。有时，即使一个人鼓起勇气和陌生人交谈，也至多只说自己的姓，绝对不会泄露自己的名字或“号”。还有时，信差到一个村庄查找一个收信人，但村里的人就像遇到鬼火一样争相躲避，以至于信差连一点线索也摸不到。在刚刚提到的那个例子里，陌生人在方圆一两英里之内都没找到的那位名人，其实那位名人就住在距他刚到村子时的位置仅有几十米远的地方。

笔者认识一位老人，他有个十分富有的邻居，两人年轻时都曾加入过中国某一秘密教派。可当人们询问起这位老人邻居的情况时，却发现这两个从小一起长大、做了六十多年邻居的人，后来离开教派后，竟然一直没有见过面。“怎么会这样呢？”“因为他上了年纪，不怎么出门。”“你为什么不常去看望他，和他叙叙旧呢？你们关系不融洽吗？”老人不自然地微微一笑，然后摇摇头说：“不，我们的关系很好。但他很有钱，我却很穷，如果我去他家，人家会说闲话的。人们会说：‘他去邻居家想干什么’？”

中国人本能地承认，他们之间总是相互猜疑，最显著的例子是，他们不愿意单独留在房间里，不然就会感到局促不安，还可能会赶紧走到外面的走廊，似乎想表明这样一个意思：“别怀疑我，你也看到了，我没拿屋里的任何东西。”一个懂得自重的中国人拜访外国人时，通常会有这种表现。

一个人蹊跷死亡，没有什么事能比这种事更能引起中国人强烈的猜疑了。这方面最典型的例子，当属出嫁女儿的死亡。尽管如前所述，女儿活着时，父母无力保护她；可一旦女儿死得可疑，她的父母就能在一定程度上控制局势了。女儿自杀后，她的父母就不再像以前那样，对女儿婆家忍气吞声，而是盛气凌人地提出各种实实在在的赔偿要求。在这种情况下，拒绝和女方娘家达成一致，双方就会打一场旷日持久而又极其烦人的官司。娘家的首要动机是报复，不过最终目的只是为了保住“面子”。

中国有句古话：瓜田不纳履，李下不整冠。这句箴言体现出了一个具有普遍意义的真理：在中国的社会生活中，必须步步小心。这就是中国人生性沉默寡言的原因，有时我们对此感到很不适应。中国人都清楚，一言不慎就可能招致大祸，而我们对此却一无所知。

中国人的商业活动，也从很多方面证明了他们的相互猜疑。买方、卖方彼此都不信任，只能由严格保持中立的第三方来处理，因为双方的利益分成只能通过讨价还价来达成。而且直到收到现款，交易才算做成。情况更复杂时，还得拟定书面协议，因为“空口无凭”，必须“立字为证”。

中国金融市场的混乱，一部分原因在于钱庄不信任顾客，而顾客也不信任钱庄，双方都理由充足。中国南方那些被切去一角的银元，还有其他地方被切去一块的银锭，都是这个伟大的商业民族生性猜疑的明证。尽管他们想做成一笔生意时是精明的，但不愿做时却更精明。无论是中国人还是外国人，出于猜疑的考虑，总是在天黑后才把银子花出去。难怪城里的商铺都会明智地忠告：今天打烊，明日请早。

中国的银行系统看上去十分复杂，我们从马可·波罗的游记中可以获知，钱庄汇票很早以前就开始使用了，但并不普遍，似乎被严格地限制在一定的流通领域。相距仅十英里的两个城市，各自的钱庄也会以充足的理由拒收对方的汇票。

中国的利率很高，约24%~36%之间，甚至更高，这也是相互缺乏信任的见证。这种过分的暴利，不在于钱的使用费，而是风险巨大的保险金。我们所熟悉的西方国家的投资方式，中国几乎没人采用。这并不是因为中国的资源没有得到开发，而是因为人们普遍彼此不信任。“民无信不立”，根据这一点可以推断，中国的许多事情会长期陷于猜疑之中，这必将极大地损害中华民族的利益。

几年前，有家报纸详细报道了纽约城华人社区的情况，其中有个关于中国人商业猜疑的奇特例证。以此类推，中国人在其他城市建立的机构大概也是大同小异。在纽约，中国人有自己的市政府，还有十二名头面人物做市政官员。他们把市政府的钱和文件存放在一只很大的铁制保险柜里，为了确保绝对安全，他们不用美国银行那种结构复杂、外观漂亮的暗码锁，而是用十二把铜挂锁（中国式的）。他们每人掌管一把挂锁的钥匙，要想打开保险柜，十二个人必须同时到场，每人开一把锁。不幸的是，十二位市政官员中有一位突然去世了，市政事务立即陷入了极端的混乱，因为找不到那位官员的铜挂锁钥匙。即使找到了，也没人敢代他开锁，因为迷信的人们认为，死者会嫉妒他的继承人，让继任者患上与他同样的病死去。直到通过特殊的选举填补了这个空缺，市政府才取出钱支付丧葬费。这件小事的确是一个窗口，人们可以从中发现中国人性格的重要特征——组织能力、经商能力、相互猜疑、极度倾心以及对西方制度和文明不言而喻的蔑视。

中国的政府机构中也不乏相互猜疑的例子。宦官其实是亚洲所特有的一个现象，中国很早就有，但当今的清室却用十分有效的办法钳制了这个危险的阶层，剥夺了其在过去朝代里那种危害人民的权力。当不和谐的双方，比如征服者与被征服者必须进行合作时，就有可能导致猜疑。满人和汉人在政府管理方面的结合，就是一个很好的例证。

当不和谐的双方，比如征服者与被征服者，必须在高层次上合作时，必然会有猜疑。“六部”中担任正职的人，可能同时担任另一个部门的副职，通过这样的互相牵制和平衡，国家机器得以正常运转。至关重要的检察院，在很大程度上也具有同等作用。

对那些了解中国政府内部运作方式的人，我们必须承认他们所说的，即中国人社会生活中普遍存在相互猜疑的现象，官场也不例外。中国人的本性就是这样，上级官员时刻提防下级官员，因为下级官员都是可怕的竞争对手；下级官员对上级官员也少不了猜疑，因为上级官员掌管升迁大权。此外，整个官僚阶层又一致戒备文人阶层和黎民百姓。后面这种状况，直接造成中国出现了很多半政治性教派，搞得中国跟一个大马蜂窝似的。地方政府不断压制禁欲社团，比如“理教”，因为这个社团主张禁止鸦片、酒和烟草。虽然“理教”并不企图谋反，但官府仍然会勒令衙门里那些贪婪的“虎狼”去蚕食“理教”，因为官府一直假定所有的秘密社团都是谋反的，“理教”也不例外。这种猜疑，会使事情变得容易处理。无论什么时候发生了事端，政府都会立即行动，抓住首领，流放或是除掉。这样一来，政府的疑心病就可以缓和一阵。

很明显，我们所谈论的猜疑的本性，使中国人变得十分保守。由于政府很少进行人口普查，因而人们对此感到陌生，甚至连这种说法都不熟悉。正因如此，人口普查总是引起人们的猜疑，怀疑其别有用心。笔者邻村发生的一件事，可以证明这种猜疑确实存在。有兄弟二人，听说政府要进行新的人口普查，便理所当然地认为这是强行迁民的预兆。按照当地的风俗，兄弟两人中有一人必须留下看守祖坟。弟弟料想自己很可能被迁走，为了逃脱长途跋涉之苦就自杀了，这样就挫败了政府的计划。

猜疑与保守，使那些从美国留学回来的中国人一直步履维艰，使中国对铁路的引进难以实现，使中国所需要进行的种种改革长期受阻。三十多年前，有人向北京某位显赫的政治家指出发行银质铸币的重要性，这位政治家非常坦率地说：“中国的货币，永远不可能改革。如果试图改变，百姓马上就会认为政府要从中谋利，那是行不通的。”与此类似，开矿也不可避免地遇到了巨大的阻力。如果矿物开采得当，无疑会使中国成为一个富裕的国家。然而，地下的“地龙”，地上的侵吞和猜疑，此起彼伏，层出不穷，使得开矿的步伐不能前进一步。无论新事物带来的好处多么巨大、多么明显，只要人们都对此猜疑皱眉，那就别想引进新事物了。

已故的倪维思博士为了将外国水果的优良品种引进中国，做了大量工作。这些水果明显可以产生巨大收益，但倪维思每前进一步，都不得不与种种猜疑作斗争。若是换做一个缺乏善心和耐心的人，可能早就取消这项计划了。不过，一旦收益确有保证，猜疑也就消失殆尽了。中国海关对养蚕和种茶进行调查时，向人们宣告说，这些调查不是为了征税，而是为了促进生产和提高劳动的收益。然而，对此感兴趣的人们怎么可能违背过去积累的经验，相信这种不着边际的事情呢？况且，有谁听说过这种事情呢？即便听说了，有谁会相信呢？中国人对这类事的态度，可以用一句古老的荷兰谚语表述："狐狸跳进鹅圈里说：'各位早上好。'"

下面，我们来谈谈本章主题与外国人的特殊关系。中国极度不信任外国人的同时，往往伴随着一种根深蒂固的观念，即外国人能轻而易举地去做那些最不可思议的事情。如果一个外国人走到一个以前他不常去的地方，那么中国人就会认为他在察看"风水"。如果他注视着一条河流，那么他一定是在探测河里有没有贵重金属。中国人认为，外国人能看透地表，发现最值得攫取的东西。如果外国人参与了赈济饥荒，那么中国人就认为他的最终目的是把大批当地人掠到国外去。出于"风水"上的考虑，外国人攀登中国城墙的行为会遭到阻止。外国人在中国建造的房屋的高度，就像中国的边境线一样，必须进行严格规范。

巴伯先生曾提到四川某山区有一种说法：外长罂粟内藏煤。这并不仅仅是无知者的观念，因为帕普利教授说，北京的一位高级官员也对他说过同样的话，并且在不清楚煤矿开采速率的情况下，以此作为反对过快采煤的依据。据说，已故的政治家文祥读了马丁博士的《天道溯源》后，有人问他有何感想，他说他准备接受该书科学的部分，但书中关于"地球围绕太阳旋转"的断言，他实在不敢苟同。

外国人进入中国后的很多行为，完全超出了中国人目前的理解水平。梵・瑞恰斯芬男爵骑马在四川乡间游历，当地人看到他那副漫无目的、信马由缰的样子，就把他想象成了一个亡命之徒。很多中国人第一次见到外国人时，会产生一种神秘的恐惧感，后来才发现这些身材高大的外国野蛮人其实也挺不错的。许多中国妇女受到警告，她们一旦自愿走进外国人的住所，致命的咒语就会应验，让她们中魔。如果她们最终被引诱进去，千万不能踩门槛或照镜子，那样会很不安全。

几年前，一位来自中国内陆省份的年轻学者，费尽周折来到笔者住所，帮助一位新来的外国人学习汉语。几个星期后，这位学者想起老母亲需要照顾，就回家去了。临行前，他答应笔者在某天会回来，可是却一去不返。这位学者是孔门弟子，他在笔者家里居住期间，从没喝过一口仆人按时给他沏的茶，似乎唯恐吃进了蒙汗药。有一次，他给母亲写了一封平安家书，准备寄出去。另一位老师给了他一个外国信封，告诉他只要用舌尖舔湿封口就可以把信封好，并示范给他看。他立即紧张起来，似乎感觉舔信封会发生危险，于是急中生智，客气地请那位老师替他把信封好，还假意表示他对此很不在行。

这种观念，也导致中国人一概拒绝接受外国人印刷的中文书籍。人们普遍坚信，书上有毒，而油墨的气味就是文艺作品中提到的“蒙汗药”。有时，人们还会说，这样的书只要读上一本，就会成为外国人的奴隶。据说，有个小伙子不太相信这种说法，就读了一本小册子的开头。可是，他很快就惊恐地把书扔了，跑回家告诉朋友说，谁读了这本书并且撒了谎，将来就会下地狱。小商贩也经常发现，外国人印的中国书籍，送都送不出去，这并不是因为人们蔑视书中的内容，而是因为人们担心送书者会借此进行敲诈勒索，这种方式中国人是再熟悉不过了。

如果一个外国人试图记下或猜测中国孩子的名字，就会引起一片恐慌。据悉，这样一个简单的举动，竟然足以解散一所即将兴办起来的学校。用罗马字母拼写汉字的方法，自从引进之初就遭到了怀疑与排斥。人们不明白，为什么外国人希望教学生写一些他们本国朋友看不懂的文字。

世界上所有的解释都不足以消除中国老一辈人的疑心，他们认为，多少代人都认为汉字够完美了，对下一代也有好处，与连祖先都不知道是谁的外国人的发明相比，不知道要好多少倍。几乎可以说，外国人的一切建议都会遭到普遍的反对。原因很明显，这个建议是外国人提出来的。这种“顺而不从”的性格，主使你的中国朋友用最客气和最准确的话向你保证，你的建议令人非常敬佩，也令人感到非常荒谬。

讽刺是西方人手中的一种便利武器，可是它却完全不符合中国人的口味。有一个外国人对中国仆人的失职和过错很不满，就用英语骂他“骗子”。仆人不明白是什么意思，就去问一位中文很好的外国夫人。得知这个词的真正含义后，他痛心地说：“这致命的刺痛深深地激怒了我。”那些查禁汤姆先生《伊索寓言》中文译本的中国官员们，其思维模式和这个仆人一样。不过，他们无法理解书中那些会说话的鹅、老虎、狐狸和狮子等背后的隐晦含义，为防患于未然，干脆把整个版本全都查禁了。

在遍布中国广大地区的医院和诊所里，可以看到最顽固的，猜疑外国人的例子。在为数众多的患者中，许多人对外国医生的善良和医术表现出毫无保留的诚意和令人感动的信任。但也有不少人，我们对他们知之甚少，只是经过仔细询问才得知，他们相信那些十分荒谬的传言，比如外国人用人的眼睛和心脏做药，外科医生有将病人剁成肉泥的恶劣嗜好，外国人还将中国儿童藏在地窖中进行可怕的处理，等等。一两年后，这些医疗机构取得了广泛成功，这类谣言自然不攻自破，就像大风吹散尘沙一样。不过，一旦寻到机会，这类谣言还是会肆虐蔓延的，就像八月间的霉菌在温暖湿润的土地上滋生一样。

虽然在中外关系史上，外国人有着不少严重的失误，但整个历史无疑是中国人猜疑与搪塞的历史。这段历史回想起来令人厌倦，但那些肩负责任却徒劳无功的中国谈判者，却没有从中吸取教训。在中国，很多人被强迫去充当外交家，他们很清楚应该怎么做，我们可以举一个典型的例子加以说明。

一个外国人想在中国内地某城市租赁一处住所，而当地的中国官员却摆出各种理由予以拒绝。在一次安排好的会见中，这个外国人特意身穿中国服装，还带着各种文具来到会见地点。寒暄了几句后，这个外国人慢条斯理地取出文具摆好纸张，拧开钢笔，检查一下墨水，然后摆出一副严肃专注的神情。中国官员好奇地看他做完一系列动作后，问道：“你在做什么？”这个外国人解释说，他只是整理一下文具，仅此而已，别无他意。中国官员问：“整理文具干什么？”这个外国人说：“以便记录下你给我的答复。”中国官员听后，马上作出保证，一定会解决好这个外国人的住所问题，没必要再做记录了。可是，当中国官员下次再听到这份神秘记录时，能保证里面的内容都是他说的吗？

中国是一个谣言泛滥的国家，人们心中经常充满恐惧。几年前，旅居新加坡的华人谣传说，当地有一条街道，只要有人走上去，脑袋就会突然间神秘地被砍掉，因此，苦力们都拒绝天黑后走那条街道。中国人永远不可能从这样一些恐惧中解脱出来，对于与之相关的那些人来说，这些恐惧就像 1789 年法国大革命中的巴黎人感到的那样真切。无节制的轻信和相互猜疑，是这些恐怖谣言滋生和弥漫的沃土。当这些谣传波及外国人的时候，长期而又痛苦的经验表明，绝对不能掉以轻心，而应该在它们刚传出来时就彻底澄清。只要当地官员认真查处，就不会造成严重的后果。如果敷衍了事，任其传播，就会产生像天津大屠杀那样的惨剧。

中国所有的地方都适合谣言的迅速传播，无论是哪一个省，几乎都产生过谣言。为了彻底根除谣言，就必须像确定地质新纪元一样，将时间视为至关重要的因素。最好的办法就是，用无可争议的实例让中国人相信，外国人是他们真诚的祝愿者。这种坚定的信念一旦树立起来，人类史上将首次呈现出“四海之内皆兄弟”的景象。

第二十五章

言而无信

信，英文里通常译为“sincerity”，由“人”和“言”两个字根组成，是汉字中的一个会意字。人言为信，字面上就看得出含义。“信”在“五常（即仁、义、礼、智、信）”中位列最后，基德教授说：“‘信’在天朝上邦可能是最不重要的美德。”许多了解中国的外国人，估计都会同意这个观念。基德教授谈了这个观念后，继续说：“如果中华民族的性格中有一种美德，不仅在现实中受到蔑视，而且也和人们的处世态度形成最鲜明的对比，那么‘信’是最合适不过的了。”

无论在公共场合还是私下场合，中国人的言行无不与诚信背道而驰，这使得他们的敌人也以此为据，讽刺他们表里不一、虚伪矫饰、口是心非、趋炎附势，并说这才是中华民族最突出的一些特征。这种判断与中国人的生活是否相符，我们最好在认真分析了下面的事例后再作判断。

我们完全有理由相信，当代中国人与古代中国人没什么区别，而且我们也相信，一些有资质的学者也会支持这个观点的。在诚信标准方面，中国人与西方人大相径庭。一些独具慧眼的学者，在中国典籍的字里行间中，能推敲出许多闪烁其辞的欺骗、推诿和谎言。他还会发现，中国人把西方人的坦率归结成了一句意味深长的话：“直率而无分寸就是无礼。”

西方人认为，《论语》中记述的孔子和孺悲的故事，是耐人寻味的，而中国儒生们却根本不理解其中的意味。以下几句话，摘自莱格的译文：

“孺悲想拜见孔子，孔子以生病为由，谢绝见他。但传话的人一出门，孔子就取下瑟，边弹边唱，故意让孺悲听到。”孔子不想接见孺悲这种人，又不想造成不愉快，于是便采用了典型的中国式做法。孟子后来也效仿了孔子的做法。有一次，某诸侯国邀请孟子上朝，但孟子希望该国君王先来拜访他，以增加他的荣耀感，于是就称病不去上朝。第二天，孟子为了表明昨天的举动只是个借口，便出门拜访别人去了。当天夜里，孟子与随同官员促膝而坐，就孔子托病谢客的可取之处谈了很久，但谈论的范围只限于礼节方面，没有涉及为方便自己而向别人撒谎的道德问题。直至今日，也没有人思考过这个问题，现在的孔门弟子在给学生解释这一段时，也从不涉及道德方面的讨论。

毋庸置疑，就保存历史典籍的本能而言，许多国家的当代人与古代相比都难以望其项背。他们的历史虽然冗长累赘，但包罗万象，无所不有。很多西方学者似乎都极其推崇中国历史，对史书中的记述深信不疑。1788年7月，维也纳大学教师辛格博士在《中国评论》上发表了一篇论文，其中有一句话：科学考古早就意识到，并越来越多地正视了中国古籍的历史可信度。比如，一位刚对中国进行过全面考察的学者——瑞恰斯芬，在谈论中国人性格中令人惊讶的矛盾成分时，发现他们在统计记录历史事件时，“具有一丝不苟和求真务实的严谨态度，但在日常生活和外交谈判中却处处充满谎言与欺骗”。有一点我们必须牢记，精确地记录历史有两种不同的途径：一是按照顺序和比例来叙述事件，二是通过对本质和动机的分析来解释事件。那些广泛研读中国史书的人认为，就前一种途径来看，这些史著在其撰写时代无疑是遥遥领先的；就后一种途径来看，这些史著远没有辛格博士所说的那般严谨。对于不了解的事物，我们不妄自评论，只是想让人们注意这样一点：一个沉溺于谎言的民族，居然也能培养出尊重事实的史官，这即便不是史无前例的，也称得上独此一家了。历史学家会受到情感的影响而歪曲历史，难道中国就没有这种现象吗?

不尊重历史的行为，不仅存在于具有缺陷的儒家教义中，而且连圣人孔子也不例外。莱格博士并没有将研究主题放在“圣人生平的瑕疵”上，而是着重考察孔子编纂《春秋》时的取材方式。这部史书记载了鲁国二百四十二年的历史，一直延续到孔子逝世前两年。下面一段话引自莱格博士在《中国的宗教》一书中收录的关于儒教的演讲：“孟子把《春秋》视为孔子最伟大的成就，并说此书的出炉令乱臣贼子感到害怕。孔子本人也说过类似的话，并说有人会因此了解他，也有人会因此毁谤他。当他因为《春秋》而受到怪罪时，他有没有心生不安呢?当因为《春秋》而受到毁谤时，孔子会不会心神不安呢?事实上，这部书不仅十分简略，而且闪烁其辞，容易使人误解。《春秋》问世将近一百年后，公羊对其进行了校勘和增补，说此书‘为尊者讳，为亲者讳，为贤者讳’。我在《中国经典》第五卷中指出：‘讳’包含了三个英语词语的涵义——忽略、掩饰和篡改。对此，我们有什么话可说呢……我时常想快刀斩乱麻地解决我的疑惑，甚至不惜否认《春秋》的真实性和可靠性。但是，孔子编纂以前的历史时，与自己所处的时代背景结合了起来。如果一个外国学生采用曲解的办法，以至于看不到孔圣人不尊重史实的缺点，那么中国的统治者和大多数学者是不会怜悯并同情他的苦恼的。孔子和他的弟子一直提倡‘真实’，但中国人为了不损害中国及其圣人的名誉，却不惜掩盖事实真相，这都是拜《春秋》所赐。”

我们已经看到，那些宣称中国历史真实的人随时准备承认——在中国，真实仅限于历史。当然，我们无法证明每一个中国人都说谎。即使有方法，我们也不想那么做。等到中国人的良知觉醒，开始重视诚信时，他们自己就会拿出最得力的证据来。我们经常可以听到，他们在谈论自己的民族时，就像南海岛屿上的首领说他的部落那样："我们一说话，谎言就随之而出。"不过，在我们看来，中国人并不像有些人说的那样，是为了说谎而说谎，而是为了获得谎言之外的某种利益。巴伯先生说："他们从不说实话，同样也不相信实话。"一个学过英语的中国小伙子，前来拜访笔者的一位朋友，希望多学一些英语词汇。令我们吃惊的是，这个小伙子竟想请教"你撒谎"在英语中怎么说。笔者的朋友将这句话教给了小伙子，并善意地提醒他，最好别对外国人说这句话，不然准会挨揍。小伙子显露出一副吃惊的样子，他原以为这句话就跟"你骗我"一样，是无伤大雅的，未料后果如此严重。

"西方人最反感被称为说谎者"，库克先生（伦敦《泰晤士报》的驻华记者）谈到这个问题时强调，"如果你对中国人说同样的话，他们根本就不会生气，也不会感到受了侮辱。他不会否认这个事实，只会说：'我可不敢对阁下说谎。'对一个中国人说：'你说谎成性，现在说的就是瞎话。'就如同对一个英国人说：'你就喜欢说俏皮话，我相信你满脑子装的都是糟透了的俏皮话。'"

中国人日常话语中缺乏诚信，虽然没有达到说谎的地步，但所说的每一件事，几乎都难以让人得知真相。真相在中国是最难获得的，谁也不敢保证，自己完完全全地掌握了一件事的来龙去脉。即使有人向你寻求帮助，比如打官司，希望交给你全权处理，你也会发现，他隐瞒了几件重要的事情。这显然是中国人支吾搪塞的本能所致，而不是刻意如此，但最终的受害者还是他们本人。无论你从哪一方面开始着手处理，只能等到事后才能弄清事情的全貌。因此，一个比较了解中国人的人，不会只听取某一人的陈述，就觉得掌握了整件事情，而是要把所能听到的其他人的陈述结合起来，来判断事情的真相。

缺乏诚信，再加上天性猜疑，就足以解释为什么中国人的谈话持续了很长时间，却没有任何实质性的内容。在外国人眼里，中国人做出很多让人难以理解的事，主要归咎于他们的虚伪。我们不知道他们在寻求什么，但总是感到他们的言谈背后还藏着一些东西。因此，当一个中国人来找你，向你神秘地耳语一个你感兴趣的中国人的事时，你往往会感到心里一沉。你无法确定他所言属实，还是在故意诬陷别人。从来就没有人能够担保，中国人所说的最后结论真的就是最后的。这个如此容易说清楚的命题，对于生意人、旅行家、外交官来说，却隐藏着各种各样的烦恼。

任何事情的真正原因，都难以预料到，即使真的知道了，也不能确保知道的是事实。每一个中国人，即使没接受过教育，也具有像乌贼那样的狡猾天性，能在受到追踪时喷出大量的墨汁，掩护自己退到最安全的地方。如果你在旅途中被人拦住，让你给一些穷人捐款，好让他们开发新的土地，你的随从不会说："随你怎么做，你的钱愿意怎么花跟我没关系。"而是"面带孩子般的笑容"解释说："你的钱只够你自己用。"这样，你就无法捐款了。我们很少看到一个看大门的中国人，会像外国人教他的那样，对一群中国人说："这儿你不能进。"他一句话也不会说，只是默默地看着人们走进门去，然后放狗咬那些人。

能自觉守约的中国人可谓寥寥无几，这与他们天性善于误解和漠视时间有关。人们会发现，无论失约的真正原因是什么，中国人都能找到各种各样借口进行开脱。一般情况下，一个中国人被指责失约时，他会说，这个约会无足轻重，如果是重要的约定，他肯定会守约。假如中国人被人指出了某个缺点，他就会信誓旦旦地保证改正，嘴里的话就像流水一样滔滔不绝。表面看来，他对错误的承认是很全面的——事实上，全面得让你觉得除了真诚以外，就没有别的什么可期望了。

一位中国教师，被雇来抄写并注释一些中国格言。他抄下一条古老的中国格言后，注释说，即使打心眼里不想帮忙，也要表面上应承下来。"应付他，把事情拖到明天，接着又是一个明天，这样请求者心里就得到了安慰。"据我们所知，负债的人通常会采用这种方法。没有人会指望一去讨债就拿到钱，但也不会感到失望，因为欠债者会虚与委蛇地说，下次就还，然后还有下次，如此反复。

中国人对待孩子的态度，最能体现他们天性虚伪。孩子们从小就学会了不诚实，而无论是孩子本人还是施教者都没有意识到这一点。孩子在咿呀学语，能朦胧地听懂大人说话的时候，大人就告诉他，如果他不听话，藏在大人袖子里的怪物就会把他抓走。外国人也时常被比作不知名的怪物，因此，那些中国人经常对我们说脏话。孩子们小时候对我们怀有模糊的恐惧感，等他们长大后，却发现我们并不可怕，只是可笑而已，怎么会不在街上跟我们起哄呢？

马车夫拉着外国乘客，后面跟着一群高声喊叫的顽童。车夫被激怒了，向孩子们大吼，说要抓几个孩子绑起来带走。船夫碰到这种情况，也会吓唬说，他要拿开水浇他们。"我要揍你"、"我要杀了你"，这类话对懂点事的孩子来说，就相当于"别这样做"的意思。

中国人要想成为"知礼"之士，必须掌握一大套词汇。在这些词语中，凡是表示说话者自身的，都比较谦卑；而凡是指对方的，都比较高贵。"知礼" 的中国人在不得不提到自己的妻子时，就称她为"拙荆"，或者其他意思相同的比较文雅的谦称。那些粗野的乡下人，虽然不会文雅的辞令，但也能抓住了"礼"的精髓，将患难与共的伴侣称为"臭婆娘"。

有一个中国人自己的故事，可以恰当地说明他们注意礼节的特征。一个客人身穿最好的礼服，坐在客厅等候主人。一只在梁上嬉戏的老鼠，正要把鼻子伸到梁上的油罐中。客人的突然造访，吓了老鼠一跳，它逃走的时候带翻了油罐，不巧翻落在客人身上，弄得礼服上沾满了油污。正当客人气得脸色发青时，主人走进屋来。一阵寒暄之后，客人解释说："鄙人进得贵厅，坐于贵梁之下，不慎惊动贵鼠，贵鼠碰翻贵油罐，落在鄙人的寒衣上，狼狈之极实令足下见笑。"

不用说，很少有外国人能按照中国人的方式招待中国人，这需要长期的锻炼。比如，作为主人，当你走向宴席时，要热情地向一群客人鞠躬，口中还得和气地招呼："诸位请入席，请用膳。"或者把一杯茶举到唇边，视左右，郑重地对客人说："请用茶。"更令外国人难以接受的是，在各种合适的场合高呼"磕头，磕头"， 意思就是"我能够、我可以、我必须、我可能、我应该”（视情况而定）“向您伏拜”；偶尔还会加上一句：“我该打，我该死。”意思是礼节不周，忽略了小细节，请求原谅。或者，骑着马半道上遇到熟人，就停下来客套地说：“我下来，您来骑吧。”一点也不考虑你要往哪里去，也不管这合不合常理。即使最无知、最没有教养的中国人，也会时常客套地发出这种邀请。对于这种现象，就连最冷漠的西方人也不禁会赞叹不已，因为中国人会这样，他们却不会。在各种场合，我们不断看到这种小小的礼仪，它使得社会摩擦减少了，是个人对全社会作的奉献。如果中国人拒绝作出这种奉献，就会受到间接的惩罚。比如，车夫停下来问路，忘了把盘着的辫子竖下来，别人很可能给他指一条错路，还可能在背后辱骂他。

在东方，以什么方式接受礼物最合适，也是一门学问，其他国家可能也如此。对于收礼物的人来说，有的礼物根本不能要，而另一些礼物则不能全部拒绝。假如外国人在这方面自作主张，一定会把事情搞砸。一般情况下，对送来的礼物要慎重对待，尤其是那些不同寻常的情况下。即使是喜得贵子这样的喜事，也要慎重对待。有句格言说：“我怕希腊人，即使他带着礼物”，这句格言的深意，也适用于中国。送礼背后总有文章，正如一句朴实的中国谚语所说的那样：“耗子拖木锨，大头在后边。”或者，换句话说，回报的肯定要比接受的多。

许多在中国居住的外国人，对送礼的虚伪性都有所体会，我们曾有机会熟悉送礼的全部细节。有一次，一个中国村庄为了对几个外国人表示尊敬，特意搭台唱了一场戏。当然，谁都明白，外国人应该设宴答谢。我们断然拒绝了这份好意。他们又提出让我们捐款，哪怕是一点点也行，可以用于公共设施的建设。在这个村子，外国人推辞不下，只好捐了款。此后不久，又一个个村子，接二连三地派代表请外国人去看戏，说是被他们的慷慨捐助和医疗帮助深深地感动了。这些村子的代表都清楚，邀请肯定会被拒绝。每当受到拒绝后，代表们都露出一副悲哀的神情，然后把话题转向为公共建筑捐款的问题。当然，每个人都点到为止，没有作出更深一层的说明。

遭受这种困扰的还不单单是外国人。富有的中国人要办喜事时，邻居就会拿着一些微不足道的礼物前来祝贺，比如为新生婴儿买的不值钱的玩具，但是出于礼节上的考虑，主人必须设宴答谢。在这样的情况下，即使最不了解中国的人，也会赞叹中国格言的准确："吃自己的，吃出泪来；吃别人的，吃出汗来。"为了不丢"面子"，主人只得把满腔怒火压抑下去，摆出一副真诚欢迎的样子。要知道，"面子"可比食物更贵重。

这不禁使人想到，中国人为了"讲面子"，许多行为都是故意为之。受雇的中国人对外国主人表面上的礼节，只是一种虚伪的客套，尤其是在大城市中，将一个人在公共场合和私下里的行为比较一下，就很容易看出来礼节的虚伪。据说，一位在外国人家里的教书先生，当在他的外国主人家里时，在讲究礼节方面向来无可挑剔。但是，他在北京街头遇到主人时，往往会怒目而视，好像要"杀掉他"。这是因为，假如他要跟主人打招呼，就会被别人认为他是在外国人那里混饭吃的——这个情况尽管别人知晓，但在表面上，尤其在公共场合不能承认。

这样的事情极为常见：一间屋子里有几个中国人和几个外国人，又有几个中国人走了进来，但他们只给屋里的中国人行礼，全然不理会外国人。一些学习汉语的外国学生，经常会被老师夸赞听力准确，发音完美，完全不亚于中国人的领悟能力。但是，这些外国学生一旦有一些奇怪的发音错误，就会被老师及其同事们取笑。一般来说，我们理所当然地认为，雇来教汉语的老师，最有权力决定汉语的发音标准。

中国人的礼貌只是流于表面和虚伪，另一个证明是，他们总是口头上应允帮助别人，实际上并不去做。如果

这样的应允最后毫无下文，受助者也不必灰心丧气，因为早就知道别人是不可能真正帮忙的，但受助者的面子保住了。相似的情形是，假如在酒馆里，你和老板在付款上发生了争执，你的车夫或许会走上前来，裁决说由他来垫上其中的差额，然后将手伸进你的钱袋里。即使他掏的是自己的钱，最后也一定会把这笔账算到你头上。如果你提醒他，是他自己主动垫付这笔钱的，他会回答说："你能指望参加葬礼的人一同被埋进坟墓吗？"

尽管表里不一，但仍然有不少中国人是真正谦逊的。不过，有一点是可以肯定的，那就是无论男人还是女人，总有一些人是假谦虚。经常会有一些人在不愿意直说某件事的时候，就说这是完全不能提及的，或者吞吞吐吐地说个模棱两口，这其实表明那件事对他们来说是不愉快的。然而，这样一些谈吐文雅的人，一旦被激怒了，也会骂出最难听的话来。

可以与虚假的谦逊相提并论的是虚假的同情，后者完全由空话组成。不过，中国人不应因此受到谴责，因为他们确实没有足够的物质条件来维持对别人的同情。但是，最令人难受的倒不是空洞的同情，更倒人胃口的是对死者假装同情时，又流露出眉飞色舞的神情。巴伯先生曾经提到，一个四川苦力在拉纤的路上看到两条野狗正撕咬一具尸体，竟止不住哈哈大笑起来。梅杜斯先生告诉我们，他的中文老师得知自己的朋友死得很滑稽，竟然也笑得前仰后合。心爱的孩子夭折了，做父母的很是悲痛，但过段时间后，他们的表情就会变得麻木。这与上面的情形不同，因为默默的悲伤与对自己自然感情的粗鲁愚弄之间存在着巨大差别，后者是违背人性的。

如前所述，外国人和中国人实行贸易往来已有几百年历史了。在此过程中，中国人的商业信誉也得到了无数次验证。为了使这一点的论据显得更加牢靠，我们应该举些例证作基础。下面就是一个范例。我们不妨引用上海汇丰银行经理卡麦伦先生的话，来作为验证的例子。他在告别上海时说："我已谈了西方商团高标准的商业素质，在这方面，中国人一点也不比我们落后。事实上，没有什么人会比中国商人和银行家更快地赢得我们的信任。当然，任何事情都有例外。但是，我有十足的理由得出这一有力的结论。我可以告诉大家，在过去的二十五年里，本行与上海的中国人做过大量的生意，总额高达几亿两白银。迄今为止，我们从来没有碰到不守信用的中国人。”对这番陈辞的最好评论，可能是三年后发生的另一件事：这家银行在香港的一个中国买办，使银行蒙受严重损失。但在没有保障的情况下，银行每年仍然可以赚取一百万元的利润。

中国的批发商与零售商在商业活动中是否有本质区别，我们无从知晓。但是，为了使前面的论据更有力，我们应该想一下，上述的结果是否完全归因于中国人互相负责的特点——那是西方人应该好好仿效学习的优点。我们能得到中国人最大限度的商业保护，本来就是自然而然的事，因为中国人与西方人做生意时，讲信用可以使他们获得最大限度的利润。尽管如此，我们广泛而又持久地观察后得出结论：中国人的商业活动是他们全民族缺乏信用的最大例证。

一个颇知内情的学者，写过一篇很有意思的论文，论述中国人做一桩普通的生意，只不过是一方欺骗另一方的活动。一般来说，买卖方之间的关系，大致就相当于雅各布和拉班之间的关系，或者像中国俗话所说的，是铁刷遇铜盆。有这样一句很流行的话：“让一个孩子做生意，其实就等于毁了他。”在中国，有些现象很难避免，比如假秤、假尺、假钱和假货。甚至那些很大的商号，虽然挂着醒目的招牌告诉顾客本店“货真价实”，“绝无二价”，可实际上却不是那么回事。

我们并不是刻意说中国人不诚实，但就我们的经历和观察而言，很难保证能找到诚实的中国人。跟一个不重视真实的民族交往，还会有别的结果吗？一个衣冠楚楚的学者，大言不惭地告诉外国人，他不识字。但是，如果给他一本小书让他看，他会毫不犹豫地拿着书从人群中溜走，连钱都不付，尽管那本小书顶多只值三个铜板。他这样做的时候，根本不觉得羞愧，反而沾沾自喜。他打心里说，那个外国人真是太愚蠢了，居然相信一个陌生人的话。

中国人跟外国人买东西时，总是谎称自己身上的钱不够，然后少付一个铜板。如果你告诉他，他的耳朵上正夹着一枚铜钱呢，他才会极不情愿地取下来给你，那情形就跟他受了莫大的欺骗似的。同样，中国人会磨叽“老半天”，试图不花钱就从你那儿得到点东西，理由是他身上一个铜板也没带。可是，最后他还是取出了一大串铜板，一脸不高兴地递给你，还要叮嘱你只取他应付的钱，不要多取。假如你相信了他先前说的话，让他不付钱就把东西拿走，他就会心花怒放地离去，就像是刚刚斩杀了一条大蛇似的。

中国人向来有跟亲戚“借”东西的习惯，而且有时连招呼都不打，这大概也是中国社会团结的另一种表现。不过，“借”来的东西马上就被送进了当铺，主人想要回来，必须自己拿钱去赎。有一个在教会学校就读的孩子，在偷学校宿舍单身女管理的钱时被发现了。在确凿无疑的证据面前，那个孩子哭着解释说，这位女管理太像他的母亲了。他在家的时候，早就习惯了偷母亲的钱，因而就忍不住偷了这位女管理的钱。

毫无疑问，中国社会明显存在许多缺陷，西方社会也是如此。但最重要的是，我们必须清醒地意识到两者在本质上的不同。正如我们前面已经说过的，中国人缺信少信义。虽然这一点不时常出现，但是要找，也可以找到。我们在谈其他问题时，已经引述了不少这样的例子，其中一些例子还做了详细的分析。

如果具备足够的知识，完全可以写一本趣味十足的关于中国人敲诈勒索的书。在中国，上至大权在握的皇帝，下至卑贱可怜的乞丐，所有人都这么干。之所以存在这样的现象，是因为中国人具有注重实际的智慧，他们的敲诈勒索已经形成了一个完整的行为体系，人们就像离不开大气层一样，被这种体系编织成的天罗地网所笼罩。

中国人的性格以及中国的状况，使西方人很难以务实的态度跟中国人有过多的交往。人们经常说，车夫、船夫、客店老板、苦力和买卖中间人，不论他们犯什么罪，统统应该杀头。这一阶层的人以及与他们地位相当的人，跟外国人的关系很特殊。外国人宁愿忍受欺诈，也不愿引起社会风波。在这方面，他们一般既缺乏兴趣，也缺乏天赋。然而，中国人与中国人之间如果出现有失公正的情况，只能通过社会风波才能使社会最终获得平衡。

为人处世不偏不倚，既不猜疑，又不轻信，是中庸之道最完美的体现。能够努力做到这一点，必然是个非凡人物。如果我们对那些虚伪和欺骗行为表示不满，天生敏感的中国人就会把我们归入“性情人物”那一类。对于容易激动的人来说，想时刻保持佛陀涅槃时那种宁静的境界，是相当困难的。即使我们能够保持这种宁静的品性，也会被当作可以进一步任意勒索的最佳对象。

有一个受雇于外国人的典型中国人，有一天看到一个小贩沿街叫卖泥塑外国小人，那些小人做工精致、服饰得体，很是好看。这个中国人走到小贩跟前，仔细观赏了一会儿，突然说：“你啊，玩的不过是玩具，我玩的可是真人。”

不用多说，就我们此刻所讨论的这一特性而言，中国政府似乎是一个众所周知的重要例证。在整个中外关系史上，以及比较有名的中国官员与人民的关系史上，都能找到这样的例子。那些不断颁布却从未有过失当言辞的告示，就是一个独特、简明的例证。这些告示比比皆是，基本上都具有篇幅冗长、文辞华美、内容繁杂的特点，而且能表现出高尚的道德境界，唯一缺少的就是真实，因为这些堂而皇之的辞令并没有打算实施。关于这一点，相关的人员都心知肚明，从不会发生误解。

“中国政客的生活和国事文件，就像卢梭的《忏悔录》一样充满高尚的情感和卑鄙的行为。他杀人近万，却还要引用孟子的话论述生命的神圣。他把修筑堤坝的钱中饱私囊，导致河水淹没一个省，却为人民流离失所而哀叹。他高声痛斥作伪证的人，却在签订一项协议后，私下里说，那不过是哄骗别人的权宜之计。”毫无疑问，中国也有公正无私的清官，只是为数不多而已。更何况，从他们置身的环境来看，他们总是孤立无援，无法如愿以偿。把那些熟读中国各类典籍的人的实际情况与这些典籍中的教导比较一下，明显可以看出他们是无力引导社会走向更高一种境界的。

“你认识的中国人当中，有多少时值得信任的？”这里所指的仅仅是受过正规教育的中国人。经历各不相同的人，评价中国人的标准也各不相同。大多数外国人会回答：“不多。”“七八个吧。”“十一二个吧。”

这得视情况而定。有时，偶尔也会有人说：“有很多，多得记不清。”可是，我们相信，那些有见识和辨别能力的人，很少会作出后一种回答。

一个富有智慧的观察者，会把焦点放在那些被一个民族视为理所当然的事上。在探讨中国人相互猜疑的特征时，我们已经看到，中国人理所当然地认为不能相信别人，其原因他们也非常清楚。正是这种境况，使中国的前途充满了不确定性。这个民族的统治阶层，不是那些优秀人士，反而是最卑鄙无耻的家伙。一位聪明的道台曾对一个外国人说：“皇帝以下的所有官员都是坏蛋，全都该杀，但是杀掉他们也无济于事，因为下一任还像他们一样坏。”

中国谚语说，蛇知道自己的洞穴在哪儿。有一个意味深长的事实是，中国的商人阶层极其不信任中国的官僚阶层。商人们知道，所谓的“改革”，不过是一层华丽的外壳，过不了多久就会脱落。一个中国泥瓦匠，用没调好的灰浆砌好了烟囱和房顶，却费了很多时间将其外表抹得平平实实。他心里很清楚，头一次生火，烟囱就会四处漏烟，头一次遭雨淋，屋顶就会漏水。中国的很多事情，就是这样子的。

中国只要将各地的资源开发出来，完全可以变得富足。可如果没有信心做这件事，资源是不会自己从藏身之处跑出来的。中国人才济济，各种知识也十分丰富。但是，如果缺乏以诚信为基础的相互信任，所有的一切都不足以使中国复兴。

几年前，一个颇有见地的中国人向笔者咨询，如何解决他所在地区打井难的问题。中国人打井，通常是挖一段，就从上到下用砖砌成井壁。可是，由于当地的土质不好，过段时间整个地面就会下沉，井壁也随之一起塌陷，最后只剩下一个小井洞，井水也慢慢干枯。救助直隶省这个不幸地区的各种灾祸，与治疗中国长期忍受的病痛的办法相似，任何治疗的药方都难以将其根治。这种治标不治本的办法，使整个中国最终只能像满载珠宝的大车，陷进绝望的泥潭之中。

第二十六章

多元信仰

儒学作为一种思想体系，是中国最伟大的学术成就之一；但对于西方读者来说，儒学是枯燥乏味的。不过，如果我们想体会到中国经典的巨大影响力，就不能照本宣科，而要深入思考那些经典所发挥的作用，从真正意义上去理解它们。

中华民族是世界上最古老的民族，“据知，其历史记载最为悠久，可以追溯到传说中的远古时代，是世界上唯一从未被异化，也从未被其他任何民族驱逐出自己发源地的民族。”对于这一空前绝后的事实，我们应该如何解释呢？从历史起源直到今天，中国始终拥有世界上其他国家不可比拟的众多人口。究竟是什么样的神秘力量来维持这个古老民族的呢？在宇宙定律面前，其他民族全都无可避免走向了衰亡，而中华民族为什么有幸成为一个例外，依然保持着顽强的生命力呢？

那些深入研究过这些问题的人一致认为，这是因为其他民族还在仰仗物质力量生存时，中华民族就已经依靠道德力量来生存了。任何一个学习过历史的人或善于观察的旅行家，只要理解了人的本性，当他联想到道德约束力从古至今都对中华民族发挥着巨大的作用时，就会肃然起敬。

威廉姆斯博士说：“儒家思想对中华民族在追求理想人格、善良人性方面产生的影响实在太大，不管怎么高估，都不过分。它所描述的道

德标准在后世具有举足轻重的作用，以至于整个民族都要接受这一标准的评判。”

莱格博士说：“儒家思想在关于人的责任方面的教诲，可谓精彩纷呈、令人叫绝。尽管它并非完美无缺，但它所推崇的四个方面的教诲——文、行、忠、信，其中有三个方面与摩西律法及福音书的教诲不谋而合。如果以这种教诲来主宰世界，那必将是个美丽的世界。”

人们经常指出，中国经典有一个最伟大的特征，即里面根本没有任何玷污人类心灵的内容，这也是与古印度、古希腊、古罗马各种经典最主要的区别。

梅杜斯先生说：“无论古今，没有任何一个民族拥有中国经典这种圣洁庄严的作品。任何一部中国经典，整部书完全没有一处放荡的描写和粗鲁的语言，里面每一句话，每一条注疏，都可以在英国任何一个家庭中大声朗诵。在其他所有非基督教国家，偶像崇拜总是与活人祭祀和堕落的化身相关联，并伴随着狂欢放荡的仪式。但在中国，根本找不到那样的迹象。”

皇帝的统治直接向上苍负责；人民锐意进取的精神要比统治者的精神更为重要；好的统治者应该德才兼备，并以德为政；人与人之间五种关系的重要理论；己所不欲，勿施于人——所有这些观念如同一座座山峰，从普通中国大众的思想中脱颖而出，吸引了所有观察者的关注。在即将结束对中国人的论述，完成这本书时，我们要重点谈一谈儒学体系在道德上的优点。只有正确理解这些优点，我们才能真正地理解中国人。这些优点，使得中国人具备了一种服从道德的卓绝能力。每年进行的科举考试，都是以儒家经典为基础出题，因此，促就中国人思想统一到了令人惊叹的地步。每一位想步入仕途的人，都把政府稳定视为个人成功的前提，这是中国人繁衍至今的重要因素。

中国人是否真正相信上帝的存在，这个问题确实很让人感兴趣。那些审阅过中国典籍的人向我们保证说，中国学者们的回答多数是肯定的。但那些自称具有独立判断能力的人，则作出了否定的回答。即使中国人曾经相信过上帝的存在，也肯定全忘了，就像刻在一枚古币上的文字早被斑斑锈迹遮盖了一样。对我们来说，这个问题没有什么实际意义，完全可以不考虑。我们现在要讨论的，既非历史性问题，也非理论性问题，而是一个实际问题，那就是中国人和他们崇拜的神之间到底是什么关系？

从某些事例之中，我们不难推测出古代的英雄豪杰和杰出人物是如何一步步地从被尊敬到被纪念，最后上升到被崇拜的全过程的。可以说，中国所有的神都是已经过世的人。在某种意义上，这个推论可以从中国祖先崇拜上得到证明。在皇帝的恩准下，各地的人们不断为生前就已经声名显赫的人建庙立祠。假以时日，说不准这些“人”的某个就会成为整个民族的神。不管怎样，整个中华民族都是多神论者。

很多人说人类有崇拜自然的倾向，这早已是陈词滥调了。在中国，风神庙、雷公庙等随地可见，这是因为人们意识到冥冥中有许多未知的不可抗拒的力量，便把这些力量拟人化，并加以崇拜。除了自然现象，人们也崇拜星辰，比如北极星。北京设有日坛和月坛，这与皇权崇拜有关。不过，有些地方的人对太阳的崇拜已经形成了普遍的常规活动。人们将二月的某天定为太阳的“生日”，那天一大早，村民们就向东走去迎接太阳，傍晚则向西护送太阳踏上归程。到这时，这一年对太阳的朝拜就算大功告成了。

自然崇拜现象中，最为常见的当属崇拜树木。在某些省（例如河南的西北部），经常可以见到大小几百棵树上都挂着小旗子，这便表明这是某个神仙的住所。有时类似这种崇拜并没有外在的标志，但人们仍然笃信不疑。如果某间茅屋前生长了一棵遒劲的老树，那么可以肯定地说，树的主人绝对不敢将树砍掉，因为他深信树里面住着神仙。

中国人经常认为，皇帝是唯一有权祭天的人，因而祭天典礼很有趣，只能由皇帝一人独自在天坛上主持举行。对于中国全体百姓来说，皇帝不自己祭天，肯定是个大新闻。在中国，每家每户朝南的正墙上总会有个神龛，某些地区称之为天地龛。大多数中国人都可以证实，他们的祭祀活动，除了祭祀祖先之外，通常是在每月的初一或十五向天地祭拜、上供，有时候是在新年伊始期间。祭祀时，往往不进行祷告，连祭品过段时间也拿走了，或像其他祭祀一样，把祭品全都吃掉。这种情况，人们究竟在祭祀什么呢？据他们所说，他们在祭祀“天地”，有时他们会说祭祀的是“天”，或称“老天爷”。根据“老天爷”这个称呼，我们断言中国人确实能感觉到神的存在。但是，当我们听说“老天爷”经常与另一个被称为“土地婆”的神相匹配时，不禁又怀疑我们的断言了。在某些地方，人们习惯于在农历六月十九祭祀“老天爷”，他们认为这天是“老天爷”的生日。可是，如果问给“老天爷”定生日的人谁是“老天爷”的父亲，或者“老天爷”生辰八字是多少，那完全是多此一举，因为他们也无从知晓。

这些问题有什么实际意义，我们很难让一个普通的中国人有所理解。他们做梦也不会去想这些问题，只不过是接受传统而已。我们很难遇到这样的人——既知道“老天爷”掌管气候和收成，又知道“老天爷”的身世与品质。尽管各种现象表明，在中国广泛流传的“老天爷”似乎确有其人，但据我们所知，人们既没有为他建庙，也没有为他塑像。祭祀“老天爷”就跟祭祀“天地”一样，人们不加解释就将这种活动保留了下来。

“天”这个词时常出现于中国典籍中，用来表示人的观念和想法，但有时这两种含义都不表示。当我们读到“天即道”这样的评注时，往往感到这个词意模糊到了极点。这个词古典作品中富有歧义，在日常用语中也是含混不清。如果问一个经常祭天的人怎么理解“天”的含义，他经常会这样回答：“天就是头顶上的蓝天。”这表明，他的崇拜与崇拜自然力量类似，只不过有时候是崇拜独立个体，有时候是崇拜自然群体。他们所信仰的，用爱默生的话说就是：“风有灵，草有性。”换言之，他们是泛神论者。这种缺乏明确涵义的拟人化，正是中国崇拜“苍天”

的致命缺陷。

中国下层社会流行多神论和泛神论，这与中国上层社会的无神论恰好形成鲜明对比。从那些对此深入研究的人的论述中，以及无数的表面现象和所谓的“天理”中，我们不难作出总结：中国的儒学家纯粹是不可知论者和无神论者，这种现象在世界上任何一个有教养的、文明人团体中都不曾出现。“天理”指的是宋代唯物主义注释者对中国知识界的著名影响，其中最为权威的当属中国经典注释家、大学问家朱熹，凡是与他的观念相悖或怀疑他观念的学说都被视为异端邪说。朱熹完全以唯物主义立场对经籍进行注释，就我们所理解的意思，他的注释是彻头彻尾的无神论，其影响遮掩了经典原有的教诲。

黄河从陕西和山西的山谷中倾泻而下，继续向向东奔流数百里，最后汇入大海。多少年来，黄河数次改道，跨越六七个纬度，从扬子江口流至渤海口。但无论流经哪里，哪里都会深受其害，留下一片不毛的泥沙。宋代注释家带来的唯物主义，就如同黄河洪流一样，冲击着中国思想的小溪。这条唯物主义洪流泛滥了七个世纪，最后只留下一片无神论的不毛之地，再也无法为中华民族提供有益的精神食粮。道教退化成一种降妖捉怪的法术体系，并从佛教那里汲取大量的营养，以弥补自身的先天不足。佛教的引入，则是为了满足儒教无法满足的人性的先天需要。儒释道三种思想互相影响，以致最终都有了很大的变动。那些具备积善行德思想的人，只要他们手头有些积蓄，就会乐于赞助任何一个提供行善途径的机构。任何一种神，只要能在某一方面产生对人有利的影响，就会得到人们的的青睐。正如偶尔需要伞的人，走进一家伞店后，绝不会问伞是何时发明、何时开始普遍应用的，中国人也从不过问神的家世和经历。

经常有些学术讲座讨论中国佛教徒和道教徒的人数。我们认为，这个问题就像探讨在英国有多少人抽十便士一包的香烟，或者有多少人吃菜豆一样。谁想抽十便士一包的香烟而又能买到，谁就抽；谁想吃菜豆而又能买起，谁就吃好了。中国两种最有名的“教义”，情况也是这样。任何人，想请和尚做法事又能付得起钱，就去请和尚，他自己由此成了

一个“佛教徒”。如果他想请道士，也可以同样请来，这样他就算是“道教徒”。如果他既请了和尚，又请了道士，这样他就既是一个“佛教徒”，又是一个“道教徒”。因此，在中国，一个人可以同时成为儒教徒、佛教徒和道教徒，这根本没有什么不和谐的。佛教融合了道教，道教融合了儒教，最后儒教又融合了佛教与道教，因而中国是“三教合一”。中国人同他们的“三教”之间的真正关系，可以用盎格鲁—撒克逊人的语言构成关系来加以说明：“撒克逊语、诺曼底语和丹麦语全是我们的语言。”但是，我们对语言的选择，取决于我们的思维习惯和使用词语的场合，并不会因为我们知道了自己的祖先是谁而受影响，或者由自己血管中流动的撒克逊人和丹麦人的血液的比例来决定。一般来说，学者会用许多拉丁语词，还混杂一些诺曼底语词，而农民则主要使用朴素的撒克逊语，但两者都以撒克逊语为基础，其他语言不过是补充。在中国，儒教是基础，所有的中国人都是儒教徒，就像所有的英国人都是撒克逊人一样。儒家中掺杂了多少佛教和道教的观念、用语和教规，可以酌情而定。但是对于中国人来说，同一个仪式融合了“三教”，并没有什么不和谐或矛盾的地方，就跟我们把源于不同民族的词汇编织在一个句子里一样。

让中国人相信两种信仰形式是互相排斥的，并不是一件容易的事情。他们不懂什么是逻辑矛盾，更不会关心这个。他本能地掌握了调和两个互不相容的命题的技巧，那就是不顾两者之间的关系强行将之扯到一起。他们所接受的思维训练，也为融合不相容的信仰作了充分的准备，如同液体可以通过内渗和外渗相互融合一样。这种“信仰相融”已经被他们推到了毫无逻辑的地步，即便告诉他们这一点，他们也不明白。况且，根本没有人能让他们理解这一点。将各种不同的信仰机械地结合在一起，就产生了两个非常显著的特点。

其一，违背了中国人天生有条有理的本能。中国人做事有条理，这是遐迩闻名的。这种本能，可以在官员级别的精心划分方面得到体现。官员从一品到九品，各有各的身份标志，各有各的特殊权限。但在中国的众神中却找不到这种等级森严的划分，若问一个中国人“玉帝”与“如来”哪个权力大，那是毫无结果的。即使在“万神殿”里，众神排列的秩序也是暂时的、偶然的，经常变来变去。中国人的精神信仰中，权威没有固定的等级。这种混乱状态，如果出现在人世间，无疑会形成一个长期的无政府世界。这种现象在“三教堂”里更加明显，那里并列供奉着孔子、老子和如来。理论上，最受尊敬的神明位于中间，那就应该是孔子，如果不是他，那就是老子，因为孔子并没有自封为神。我们可以肯定地说，人们一直围绕着“三教”排序问题争论不休，但几乎所有的争论都对“如来”有利，尽管释迦牟尼是个外来户。

其二，中国任何一种信仰都把人类的道德本质贬得极低，犹如假币代替了真币。人们一直畏惧道教里经常提到的妖魔鬼怪，这种畏惧根本无法用儒教高尚的箴言来消除。常有人说，现今所有文明的民族中，没有一个像中华民族那样迷信，这确实是真实情况。在中国，即使是富有的商人和博学的学者，也会每个月花上两三天时间祭拜狐狸、黄鼠狼、刺猬、蛇和老鼠等动物，并在它们的牌位上标明“大仙”， 认为它们能左右人的命运。

几年前，中国一位著名的官员曾跪在一条被视为水神的水蛇面前祈福，并认为这条水蛇是前朝某位曾奇迹般制服过河水泛滥的官员的化身。在洪水泛滥时，就把蛇当作神来崇拜，这种现象在中国十分普遍。在离河较远的地方，人们会毫无疑问地把一条陆地上的蛇当作神来祭拜。如果洪水退去，人们为感谢神恩，常常做出一些富有戏剧性的事情，比如将蛇放在盘子上，放进一座庙里或者其他公共场所来供奉，县官和其他官吏每天都去跪拜烧香。在河道附近的地区，河神一般被当作雨神；但在稍远的内地，战神关帝则被当成雨神来崇拜。有时，不管离河远近，人们只向观音菩萨求雨。在中国人眼里，这似乎没什么不合理的，因为他们从不考虑自然界的和谐统一，即使告诉他们其中的荒谬，他们也不会明白。

还有一件与求雨有关的古怪而且饶有趣味的事情，常常引起我们的关注。在中国名著《西游记》中，有一个主要角色原本是一只从石头里崩出的猴子，后来渐渐演化成了人，有的地方居然将这个想象出来的角色当作雨神来崇拜，以便跟河神与战神区别开来。这个例子充分说明，中国人从来就分不清真实与虚构。而对于西方人来说，原因与结果是互相关联的。中国人向一只虚构出来的猴子求雨，这是怎样的因果观念呢？我们无论如何也想不明白。

中国人崇拜的众神林林总总、各不相同，若想问明白他们是如何对待这些神的，只会得到两个答案：崇拜，同时也忽视。中国人每年在香烛等方面的花费有多少，政府曾经试着估计过。方法是，先把某个地区当成一个样本，计算出确切的数字，再以此推算中国其他地区的花费，最后算出总和。这种所谓的“统计”是最不精确的了，好比一个人去统计一群蚊子的数量，数累了的时候只好去估计了。

把中国当作一个整体作某种断言，是很容易出现错误的。最为突出的例子，当属中国人到庙里拜神这种事。一位从广州上岸的外国旅行者，看到当地庙里香客如云、烟雾镣绕，就断言中国人是世上最盲目崇拜的民族。但当他游览了中国的其他地区，就会得出不同的结论。他会发现，许多庙宇都无人问津，除了每月的初一和十五之外，其他时间根本没人去进香，即使在进香最盛行的春节期间，也可能没人去。他会发现，有成千上万的古庙被人们遗忘了，尽管偶尔有人做些修葺，但也没人知道这些古庙建于何时，因何而建。他会发现，在方圆数百里的地方，也无法从稠密的人口中找到一个教徒，无论是道士，还是和尚。在某些地方，寺庙里是没有妇女出现的，孩子们从小到大从没受到过求神赐福的教诲。不过，在中国的其他一些地方，情况则截然不同，人们的生活细节中处处都渗透着崇拜仪式。

毫不夸张地说，中国的宗教势力可以与堆起夏威夷群岛的火山相提并论。在夏威夷最北部和最西部的岛屿上，火山已沉寂很久了，坑坑洼洼的火山口周边长满了茂盛的草木。但在东南部的岛屿上，火山仍很活跃，隔段时间就会地动山摇般爆发一次。同样，在中国一些最古老的地区，几乎没有人烧香拜佛，而在中国文明最辉煌时仍处于野蛮状态的地区，崇拜众神现象却大肆盛行。人们很容易被这种表面现象误导，以至于在没有充分调查之前，过高估计其中的实质意义。

“敬鬼神而远之”，这是孔子说过的话。因此，孔子现在的门徒们也认为，对众神“敬而远之”是最明智的做法。相比较而言，中国人不像蒙古人或日本人那样对宗教过于偏见。在一些庙宇的门楣上，我们经常可以看到“祭神如神在”的格言。用“如”这个字来传达模棱两可的含义，完全是中国人的本性在作怪。要想验证人们的这种心态，不妨看看以下这些带“如”字的流行语言：

祭神如神在，如不敬也无碍。
祭神如神在，如不敬神不怪。

比“敬而远之”更进一步的是在仪式上尊敬神，按特定的程序和方法举行特定的仪式。这样做的目的，无非想获得外在的利益。

中国人似乎与神圣感毫无关系，这还是一种比较礼貌的表述。我们可以看到，中国人所有的信仰，要么是按常规日子搞点仪式，要么就只是一种交易——给神上多少供品就得到多少恩赐。人们对“老天爷”的崇拜最能体现这一本质，若问中国人为什么祭拜“老天爷”，他会说：“因为我们的吃穿都靠他。”即使他对“老天爷”的存在将信将疑，他也会按仪式照行不误。祖宗那样做，他也那样做，至于有用没用，“谁知道呢”？

中国人对待宗教仪式的态度是浅薄的，有一副对联极好地说明了这一点。在无人问津的庙宇的门柱上，通常都写着一副具有讽刺意味的对联，比如：

古庙无僧风扫地，空室少灯月照明。

中国人崇拜神，如同西方采用保险制度。一般人认为，宁可信其有，不可信其无。也就是说，如果神不存在，相信了也没害处；如果神确实存在，却被置之不理，神也许就会生气、报复。人们认为，神的行为和人一样，也受一定动机的支配。有句俗话说，贡献羊头（给神作供品）的人，可以心想事成。那些不能赐予人们福泽的神，例如“三皇”，通常是“穷神”。观世音菩萨和关帝常受到人们拜祭，因而既尊贵又富有。

中国人对神的崇拜不仅完全建立在假设的基础上：信神“有益无害”，而且达到了西方人难以理解的地步。比如，他们常说，并这样认为：““信之则有，不信则无！”这种表述方式（几乎不能称作思维方式），就像一个中国人在说：“相信皇帝存在，就有皇帝；不相信皇帝存在，就没有皇帝。”这种类比的结果，中国人很乐于接受，但他们自己似乎没办法依靠推理来得出这个观点。

在中国可以看到朝圣者一步一叩首，花费大量时间来完成这种沉闷而又艰难的旅程。如果问他们为什么这么做，他们会说，很多拜神的人心并不诚，只有这种苦行的方式才可以表达自己的虔诚。无论我们如何评价这种例外事件，都会毫不犹豫地说，中国人彼此间缺信寡义，在信仰方面表现得最为突出。

中国人同其他国家的非基督民族一样，把自己崇拜的神想象成自己的样子，因为有许多神是他们的同胞。笔者曾经看到一张以观音菩萨名义贴出的告示：天庭已经得到人类世风日下的消息，“玉皇”大为震怒，斥责众神臣说，他们没有尽到规劝人类行善的责任。据称，人的周围生活着的一群可以被收买、奉承、欺骗的妖魔鬼怪。中国人在生意场讨价还价时，会想方设法占便宜。同样，他们对待所祈求的神灵时也想占便宜。他们希望通过捐款修庙买来好运，但捐二百五十个铜钱却在功德簿上记一千。他们认为，德簿上记多少，神就收多少。修庙时，每位神的眼睛上都会贴张红纸，这样神就看不到周围混乱的场面和不敬的举止了。如果一座庙位于村外，还常常成为盗贼分赃的地方。因此，人们就把庙门封闭，让神灵们待在里面跟天地宇宙尽情交流。

中国人认为，灶神爷每到年底都会返回天庭报告家家户户的行为，但人们都会事先在他嘴上抹点粘糖，防止他告状。这个风俗，称得上是中国人智胜天界神仙的典型例子。同样，给一个男孩取女孩的名字，是为了让那些愚蠢的妖魔鬼怪认为他真是女孩，这样便不会来纠缠他。巴伯先生谈到，在四川，有女孩溺死后，人们就烧些冥币来安抚她的鬼魂和那里的神明。送子菩萨的庙和其他的庙不同，去祷告的都是妇女。很多观音庙里都有一些泥做的小男孩，有的放在观音手臂上，有的摆在架子上。中国妇女到观音庙求子的时候，就把那些小男孩的生殖器掰下来吃掉，以确保生男孩。这种做法，已经成为她们的习惯了。观音庙里有许多这样的小泥人，这是特地给进香的妇女准备的。不过，她们只能偷偷藏起来带回家，不能公开拿走。如果求子的妇女真的生育了男孩，就要在上次偷走泥人的地方再放一个小泥人，以示感谢。

中国出海打鱼的人认为，海上的风暴都是由恶魔引起的。恶魔们静静地在海底等待着，一旦发现海面有船只的动静，马上就兴风作浪。据说，风浪特别猛烈的时候，出海的人会做一个与自己的船一模一样的纸船，在危急关头把纸船投入海中，去蒙骗愤怒恶魔，以便使真船平安无事。

中国很多地方有这样的风俗：一旦遇到霍乱之类的瘟疫，就在六七月份庆祝新年。人们认为，这样可以欺骗瘟神，让它以为自己算错了年历，于是打道回府，瘟疫也就消失了。这种风俗人所共知，因此，就不难理解为什么“秋二月”意味着“永远”了。另一种欺骗神的做法就是：让人钻在一张桌子下面，把头从专门在桌子中间开好的圆洞中伸出来。这样，神就会以为这个人真的把头献了出来，自然要赐他好运。接下来，这个人只需把头缩回去，就能享受到将来的好运了。

有一次，我们碰巧遇到一件事：一个村庄想把神像从庙里挪走，把庙改为学堂。他们满心希望从佛像的“肚子”里找出一些“银子”来补贴开支，可是这些头脑单纯的乡下人根本不就不知道佛像塑造者的心思，结果只找到了一块锡块做成的“佛心”。当然，有些人确实会在佛像里藏宝，以致庙里经常遭人抢劫，佛像不是被搬走，就是被捣毁。那些信奉神灵的人对神灵如此粗暴，实在是不可思议。据说，有位县官审理一桩与和尚有关的案件时，居然牵涉到了寺里的佛祖。于是，县官将佛祖“召”到堂上，令其跪下。可佛祖不跪，县官便命人打了佛祖五百大板。可想而知，佛祖当场变成了一堆尘土。

每当土地干旱无法耕种时，人们便向雨神求雨。假如求雨无济于事时，人们就将雨神抬到最热的地方，让它亲自视察旱情，而不只听人们的一面之词。有时候，人们也会难以抑制对神表现出不满情绪，有一句流行的俗语为证：“三四月份不修房顶，五六月份专骂水神。”

我们还听说，中国某个大城市的居民遭受了一种恶性传染病的侵袭。人们普遍认为，这是当地某个神在作乱，便联合起来把这个神的塑像打成了一堆碎土，俨如在对付一个恶霸似的。当然，我们没有证据证明这件事的真实性，只是听说而已。不过，这已足够说明中国人的神灵观念了。

上面提到的一些事实，容易使不了解中国人性格的人误认为中国人没有宗教信仰。的确，有人真的表述过这样的观点。梅杜斯先生在他的《中国人及其信仰》一书中，谴责了胡克先生某些过于宽泛的概括，认为那是“毫无根据地诬蔑人类的神圣生活”。梅杜斯先生承认，中国人既不关心持续了几个世纪的神学争论，也不关心把这些结论当作信念的民族行为。但梅杜斯先生坚决否认中国人“缺乏对不朽的渴望，缺乏对美好而雄壮事物的由衷敬仰，缺乏对伟大而善良人物的毫不动摇的执着，缺乏向往神圣、向往神圣的心灵”。对中国和中国人有过长期了解的托马斯·韦德爵士，完全有资格对中国人是否有宗教作出权威判定，最近他发表观点说：“如果宗教是超越于道德之外的东西，那么我可以否认中国人有宗教。他们确实有祭拜对象，确切地说，是把很多对象混合在一起祭拜，但又缺乏信仰。他们随时会嘲笑本民族那些各种各样的偶像崇拜，但又不敢冷漠抛却。”

关于这个有趣却不易回答的问题，我们觉得没必要再探讨下去。详细探讨并不困难，但是我们不敢肯定是否能把事情弄清楚。现在，我们采用一种比探讨更有效、更现实的办法来解决这个问题。道教与佛教对中国人影响极大，但中国人并未因此成为道士或者和尚。他们是儒教的信徒，无论给他们的信仰增加些什么，或者减少些什么，这种信仰都不会改变。我们应该努力探讨儒教存在哪些不足，竟至不能成为中国人必需的宗教。为了解决这一问题，我们准备引用一位致力于研究中国问题的学者的话，他的研究是不能轻视的。恩斯特·费伯博士在《儒学汇纂》一书的结尾处，写了一节名为“儒教的不足与失误”的内容。他在这节中指出，儒教确实存在不足和失误，但同时必须承认，儒教学说中有关人际关系的论述非常精彩，其中不乏有能与基督教《启示录》产生共鸣的观点。下面，我们引用其中的二十四条，并随机适当写些评论。

1. “儒教不承认与现存的神有任何关系。”

2. “无论从生理的角度，还是从生物学的角度，都能将人的灵魂与肉体区分开来，关于‘人’的确切定义是不存在的。”

关于人类的灵魂，没有确切的定义，这使得学习儒家学说的外国学生感到十分困惑。对于广大的普通百姓来说，儒学教导的最终结果是，使他们根本不懂什么灵魂，只知道那是一种附着在肉体上的活力。人死之后，传统的说法是，灵魂升天，肉体入土。但时常还有一种比较简单的理论，即“灵魂”或生命的气息都弥散在空中，肉体化为尘埃，这与真正的儒教唯物主义不可知论完全相符。问中国人，他有三个灵魂，一个灵魂，还是根本没有灵魂？是无法让他感兴趣的。这种问题对他来说，如同问他哪个人体组织带动了咀嚼一样。只要吃得舒服，他才不管是哪个人体组织呢。同样，只要他的消化器官没问题，并具有养家糊口的能力，他才不去管什么“灵魂（如果有灵魂的话）”，除非灵魂与米价有关。

3. “没有解释为什么有的人天生就像圣人，有的人却是凡夫俗子。”

4. “只说每个人道德修为达到一定程度就可以成为圣人，却没有解释每个人都没有成为圣人的事实。”

5. “儒教对罪恶的态度坚决而认真，但除了社会生活中的道德谴责之外，没提出任何惩罚措施。”

6. “缺少对罪孽和邪恶的深刻认识。”

7. “儒教无法解释死亡现象。”

8. “儒教没有办法使人们回归理想中的原始本性。”

9. “祈祷及其道德力量，在儒教中无法立足。”

10. “尽管一再强调信任，但现实中的儒教很少鼓励信任的前提——诚信，而且事实上恰好相反。”

11. “认为一夫多妻制天经地义。”

12. “认可多神论。”

13. “相信算命、看日子、预兆、做梦和其他的幻想出来的事物（如凤凰等）。”

14. “伦理道德与其他外在仪式混为一谈，衍变成一种专制政治的形式。”

15. “孔子对待古代制度的立场反复无常。”

16. “断言某些美妙的音乐对道德会产生恶劣的影响。”

17. “夸大榜样的力量，孔子本人就是最好的例子。”

假如真如儒教理论所言：“君为器，民为水，器圆则水圆，器方则水方”，就很难解释为什么中国的伟人未能影响研究伟人的人们。假如真如儒教所言：榜样的力量是无穷的，为什么现实中的效果却恰恰相反。在后面的第二十条中将提到的对“圣人”的神化，与第八条指出的“没有办法”互相矛盾。无论圣人多么贤明他也只能提出好的建议。假如圣人的建议不被人们采纳，圣人也爱莫能助，只好不再提了。我们一直觉得，孔子一句话非常富有启发性，即“不愤不启，不悱不发，举一隅而不以三隅反，则不复也”。这些建议确实很精彩，但不能起到预防作用。一位旅行者被贼人洗劫一空，却跟旅行者谈论他之所以被抢劫、被打伤，以致皮肉严重受苦、大量失血，甚至可能晕过去，是因为他没有加入旅行团。旅行者现在需要的是油、酒和养伤的地方，而且最急需的是一位聪明且乐于帮助的朋友，而不需要被人数落他违背了旅行的常规。对身体残疾的人，儒教或许可以做点什么。可在道德和精神上受伤的人面前，儒教就无能为力了。

18. “在儒教理论中，社会生活的体系是暴政；女人是奴隶；孩子在长辈面前如绝对服从的臣民。”

19. “绝对孝顺父母，把他们奉若神灵。”

20. “崇拜贤人是孔子思想体系的最终结果，例如人的神化。”

21. “祖先崇拜不仅没有伦理价值，而且没有明确解释关于不朽的观念。”

22. “现世现报，无形中鼓励了自私自利主义，使人不是贪婪，就是野心勃勃。”

23. “中国历史表明，儒教试图使人们获得新生，让人们过上更高尚更神圣的生活，结果却无法实现。在现实生活中，儒教已与道教、佛教相融合。”

24. “整个儒教对死者、生者都不能给予安慰。”

中国将各种不同形式的信仰融合在了一起，对此现象我们已经作了论述。中国人自己也早已清晰了解，无论是儒教还是其他宗教，都不能“使他们获得新生，让他们过上更高尚更神圣的生活”。有一个传说，淋漓尽致地表明了这一点。

据说有一天，孔子、老子、如来在永恒的神界不期而遇，然后一起哀叹世风日下、人心不古，他们优秀的理论在泱泱大邦无人采纳。经过一番讨论，他们得出结论，尽管他们的理论被人们赞赏，但由于没有一个永恒的榜样去践行，最终还是不被人们采纳。于是，三位决定，各自下凡人间物色一个可以担此重任的人。说完，就开始分头行头了。一段时间后，孔子遇到一位德高望重的老人。见到孔子来了，老人却端坐不起，而是请孔子坐下，跟他谈起了古代的理论，以及世人如何轻视这些理论的情况。经过一番交谈，孔子惊异地发现，老人竟对古代理论熟稔于心，并持有深刻的见解。两人谈了很长时间，孔子准备离开时，老人依然端坐不起，无意相送。孔子不以为然，自己走了。后来，孔子遇到了一无所获的老子和如来，就跟两人讲述了自己的奇遇，并建议两人轮流去拜访那位端坐的老人，看看老人是否像了解孔子思想一样，也了解他们的思想。老子先行一步，结果发现那位老人对道教理论也了如指掌。但让他感到奇怪的是，老人始终都端坐不动。同样，如来也惊喜地发现，老人对佛教理论的洞察力，是他多年未见的，但老人一如既往端坐不动。

三位圣人又相聚讨论，最后一致认为，那位言谈举止不同寻常的老人，就是他们心目中理想的"永恒的榜样"人选。老人不仅精通"三大宗教"理论，而且能论证"三教归一"的事实，真是世所罕见。于是，他们又一起找到老人，解释了上次拜访老人的目的，希望老人能实现他们的愿望，振兴儒、释、道三教。老人依然端坐不动，专注地聆听了他们的讲话，然后说："尊敬的圣人们，你们的善行与天齐，你们的计划比山重，实在令人敬佩。可不幸的是，你们选错了完成这一伟大使命的人。诚然，我的确仔细研读过诸位的大作，也多少能明白这些作品中的崇高性和一致性。但是，不知你们注意到没有，我的上半身是人，下半身却是石头。我擅长从各个不同方面论述人类的责任，但由于自身的不幸，我永远无法将理论付诸于实践。"三位圣人听后，深深地叹息了一阵，就从地面上消失了。从此以后，他们再也不去寻找可以传播三大宗教理论的凡人了。

我们经常把中国当前的现状与公元一世纪的古罗马帝国相比，其实中国现今的道德状态远远高于那时的罗马帝国。不过，两者有一个共同点，那就是它们的宗教信仰都濒临崩溃的边缘。我们可以像吉本评论古罗马那样评论中国：对普通人而言，所有宗教都一样地真实；对哲学家而言，所有宗教都一样地虚伪；对政客而言，所有宗教都一样地有用。中国皇帝与古罗马皇帝一样，既是高级教士又是无神论者和神。正由于儒学混合着多神论和泛神论，才造就了中国当前这种状况。

无神论是否正确？对这个问题漠不关心的态度，要比纯粹的无神论更可怕。中国存在多神论与无神论，但即便是受过教育的中国人，也察觉不到这两种迥然不同的信仰之间有怎样的矛盾。更令人感到悲哀的是，对待最为深奥的宗教理论时，中国人本性上往往表现出冷漠的态度。比如，他们随时乐于接受一个没有灵魂的肉体，接受一个没有心灵的灵魂，接受没有缘由的和谐，接受没有上帝的宇宙。

第二十七章

中国的现实与需要

儒学经典如同一张航海图，为中国统治者驾驭国家这艘庞大的航船提供了便利，这是人类绘制的最出色的航海图。或者，正如已故的威廉姆斯博士、莱格博士等人所说的，在某种意义上，说儒家经典的作者们有如神助，一点也不过分。中国人在驾驶自己的航船创造了多少业绩，开辟出了哪些水域，当前正在往哪个方向航行——这是极为重要的问题，因为中国和许多西方国家建立了密切的联系，将来可能对西方世界的影响越来越大。

据说，一个社会的道德生活有六项意义重大的指标，共同构成检验社会性格的可靠证据。这六项指标分别是：

1. 工业水平；
2. 社会习俗；
3. 妇女的地位和家庭特征；

4. 政府的构成和统治者的品质；

5. 公共教育状况；

6. 宗教信仰与现实生活的关系。

我们在对中国人的各种性格进行讨论时，都附带对上述各项指标作了阐述，尽管还不够全面，也没有对各自所占比重作必要的安排。中国人的性格所包括的范围非常广泛，许多问题只能忽略不提。如果真要完全展现，应该还包括许多附加的“性格”。而我们希望通过自己的选择，勾勒出中国人性格的整体轮廓。

我们在阐明中国人的性格特征时，列举了大量更为典型、更具有说服力的事例。它们如同一副骨架上的骨头，只有每一块骨头都各就其位，整个骨架的结构才能够呈现出来。除非它们根本不是骨头，否则它们是不能被忽视的。的确，也许有些人会提出异议，说每根零散的骨头都放错了位置，或者，另外一些可以改变整体结构形态的骨头也没合理放置。这是一个完全公正的批评，我们不仅承认，而且还要特别说明，不可能仅通过这些选择的“性格”去得出对中国人的全面认识，就像只描绘出某人的眼睛、耳朵和下巴，就得出关于一个人的准确印象一样。

但与此同时，我们必须提醒读者，我们的判断并非仓促得出的。实际上，我们观察的事实超过了本书中我们所提到的事例。即便是一些值得商榷的的观点，也都得到了充分的论证。这些事实随处可见，就像北方起大风时扬起的遮天蔽日的尘沙，灌满了人的眼睛、耳朵和鼻孔，最后全身上下都是尘土。这种现象，人们也许会搞错起因，但他们对这个现象的描述却会是准确的。不过，观察自然现象和观察道德现象是有区别的：前者能引起每一个人的注意，而后者只有善于观察的幸运者才能看到。

实际上，中国人的生活充满了矛盾的现象。不管是谁，如果他只看一面而忽视另一面，就不可能得出正确的判断，而且不会意识到自己作出了错误判断。将两个明显对立的观点融合在一起，是一件很困难的事。但是，这往往是必须完成的任务，尤其在中国更需要这样做。在中国，看清事情的一面已是相当困难，更不用说同时看清两个面了。

我们已经谈过儒教具有极高的道德属性，而且也相信儒教能使许多人的道德变得高尚，这也正是人们对如此杰出的道德体系寄予的厚望。可是，儒教怎样使许多人的道德变得高尚呢？我们可以通过三个互相联系的问题，来可以揭示人的真实性格：他与自己的关系如何？他与别人关系如何？他与崇拜对象的关系如何？读过前面各章的读者，已经知道这三个问题的答案，即中国人对自己和别人缺乏真诚和信义；他们与别人的关系是缺乏利他主义的，他们崇拜的是多神论、泛神论和不可知论。

中国人并不缺乏智慧，也不缺乏忍耐能力、实践能力和乐观精神，而且这些品质在他们身上都很突出。他们所缺乏的，是品格和良知。有些中国官员受不了贿赂的诱惑，就做了错事，还自以为不会被别人发现，因为他感觉只有“天知、地知、你知、我知”。有多少中国人能顶得住来自家庭的压力，不推荐公认的不称职的亲戚呢？想象一下抵制整个家庭而产生的后果吧，每个中国人都极端害怕面对这种后果，这难道还有什么奇怪的吗？这种情况所产生的道德问题，中国人是怎样对待的呢？看到中国的官场、军界和商界充满裙带关系和寄生现象，难道还会对中国门卫和警察擅离职守感到惊讶吗？

想了解中国人道德状况的真相，可以让中国人来帮助我们。尽管他们随时准备掩饰自己及朋友的缺点，但对民族性格的弱点却直言不讳。他们在描述其他中国人时，不禁让我们想起卡莱尔在《弗雷德里克大帝的一生》一书中以愉快的笔调写下的一段话：“这位帝王很宠爱一位督学，总想跟他聊点什么。一天，帝王问督学：‘苏尔泽先生，你那些学校近来怎样？我们的教育事业发展得如何？’督学苏尔泽回答：‘当然很好了，陛下，尤其是最近几年，好了很多。’帝王问：‘为什么是最近几年呢？’苏尔泽说：‘噢，陛下，是这样的，以前人们认为人性本恶，因而学校只好实行严厉的制度。可是如今，我们认识到人性本善，学校就转而实行宽容的制度。’弗雷德里克大帝摇了摇他那苍老的头颅，苦笑着说：‘人性本善……哎，亲爱的苏尔泽，我看你根本不了解该死的人类。’”

中国社会就像中国的某些风景胜地，从远处看美丽迷人，走近一看才发现很多场地都破破烂烂、惹人心烦，而且空气中还弥漫着难闻的味道。仅靠照片，不能客观地反映中国风景胜地的样貌。虽然照相机被认为具有“无情的公正”，但有关中国的照片却不是这样，所有的肮脏和难闻的东西都被忽略了。

世界上没有一个国家像中国这样，到处可见象征幸福的东西。可是，不需要多久，我们就发现，中国人的幸福只是表面现象。如果有人说亚洲没有真正的家庭幸福，那么我们是不会质疑的。

每当对中国的现状进行理论分析，并探讨如何将理论变成实践时，我们总是禁不住想起那些石碑。古代中国人，经常在大路与河流交叉处树立石碑，以“纪念”修桥的人。如今，很多石碑都或多或少缺头少角了。我们对过去朝代留下的这些纪念物很感兴趣，可当我们问起过去修的那些桥时，人们却说：“噢，那些桥啊，多少代以前就不复存在了，谁也不知道什么时候没的。”

几年前，笔者在大运河上旅行时被一股逆风阻止了航行。于是，我们到岸上闲逛，看到农民们正忙着种田。时值五月，田野一片碧绿，景色很美。此时，任何游客都会对精耕细作和不知疲倦农民表示赞美，是他们把大片田野变得像一个大花园。但是，只要跟农民们稍作交谈，就可以知道，他们刚刚度过一个严酷的寒冬。去年，当地发生了洪灾和旱灾，农民们颗粒无收，周围很多村里都有人而死——不仅如此，目前人们还在忍饥挨饿。政府发的一点救济，根本无法维持人们的生计，而且零零星星的救济，还经常被贪官污吏侵吞。穷人们对此一筹莫展，没有任何能力保护自己。可是这种状况从表面上是看不出来的，因为其他地方的年景很好，粮食大丰收，人们也安居乐业。这个地方的状况，北京《邸报》和中国的西方杂志都没有报道过。但是，忽视这些事实，并不能改变事实。不管其他地方的人知不知道这件事，这个地方的人依然在忍饥挨饿。即使对这些事实断然否认，也无法证明已经采取了有效的救济措施。根据经验来推论中国人应该是什么状况，这是一回事；而经过观察得出中国人的实际状况，则又另一回事。

我们很清楚，中国社会存在的各种弊端也同样存在于西方“有名无实的基督教国家”。也许读者会感到失望，没有看到我们对这一事实做出更明确的结论，也没有看到我们进行系统地比较和对照。我们确实这样想过，但是由于我们所熟悉的西方国家十分有限，难以完成这项任务，最后不得不放弃。就让每一个读者自己去进行比较吧，不过要尽量摆脱“爱国主义偏见”，不要把中国人看得一无是处。若作了这样一种比较，我们可以假定这样一个观念：西方国家面对的是充满曙光的未来，中国面对的却是充满黑暗的过去。如果这个观念正确，那就是一个最意味深长的观念，读者不妨好好思考一下，这究竟是怎么造成的呢？

让我们重复一遍，中国需要的并不多，只需品格和良知。也可以说，这两样东西是一样的，因为品格就是良知。有人称赞一位著名的钢琴制造家，说他“就像他做的乐器一样——宽厚、正直而又高贵”。谁又在中国碰到过这样的人呢？

在一本英国作家传记的结尾处，这位作家的妻子写道：“外界说他是一位作家、一位牧师、一位社会成员，但只有每天在家里跟他朝夕相处的人，才知道他到底是一个什么样的人。在别人眼里，他那浪漫的生活以及温柔细腻、缠绵悱恻的私人信件，都是蒙着一层面纱的。但是只要揭开这层面纱，我可以说，如果在人世间最高尚、最甜蜜的关系中有一份永不褪色的爱情——纯洁、热烈持续了六十三年——无论是健康的时候还是生病的时候，无论是阳光灿烂的日子还是凄风苦雨的日子，无论是白天还是黑夜，从不曾有过一个仓促草率的字眼、一个不耐烦的手势、一个自私的举动，如果这份爱情足以证明骑士时代永不会逝去，那么对于一个有幸享受这种爱情的女人来说，查尔斯·金斯利就是一位最真实、最完美的骑士。”

基督教文明所创造的完美人生，是它最美好的产物。这样的人生并不少见，我们这一代人中就有成千上百个实例，更有难以计数的实例暂时没被发现。将自己的生命全部献给他人的例子，每位读者至少应该知道一个，也许有些读者可能亲身经历过很多这样的例子。我们该如何解释这样的人生呢？他们那种甘于奉献的动力因何而来呢？我们不想胡乱猜疑，但经过长期反复考虑后，我们确信，如果使中国人的人生变成现在这个样子的那些力量，能够塑造出一位像金斯利那样的人物，那么这将是一个伟大的道德奇迹，并远胜于道家所有寓言里的奇迹。

任何人类制度，都不能逃脱社会规律，《圣经》上说："看到他们的果子，就可以认出他们来。"儒教有足够的力量和时间去获得最终结果，我们相信，它早已做了它所能做的一切，不可能再创造出新的成果了。它已经使中国人的能力发挥到了极致，而且超过了其他任何国家在任何条件下所能做的一切。对中国的这些现象进行耐心考察后，即使最友好的批评家也不得不承认：是儒教造就了现在的中国。

关于中国的改革，有三种不同的理论。其一，没必要改革。虽然并非全体中国人都持这种观点，但无疑有相当多的中国人都这样想。就连一些不了解中国的西方人，也这样认为。其二，改革不可能成功。持这种观念的人认为，持久的、真正的改革一旦开始，就必定遭到极大的阻碍。在这些人看来，对庞大的中国进行彻底的改革，就像用电击法使木乃伊复活一样，根本没有希望。不过，如果我们前面的论述没能阐明这一点，这里也再说无益了。其三，中国不仅需要改革，而且也可能成功。他们认为，关键在于通过什么方式来进行改革。在这方面，也有几种不同的

观点。

首先，中国能彻底脱胎换骨吗？那些能够认识到改革是必须之举的政治家认为，中国肯定能接受这种彻底的改革。最近，北京《邸报》刊登的一份奏折中，就提出了这种设想。写奏折的官员抱怨中部某省的民众不断闹事，并说已派出一批得力人员前去巡察，向百姓们宣讲康熙《圣谕广训》中的训示。该官员显然是借助这种强有力的方式教化百姓。这种宣讲道德箴言的方式（最初是对基督教传道的模仿）虽然一无所获，但不失为改善当时道德风尚的良方。这种方式失败后也别无他法，只能再用一次。长期的实践经验表明，这种方式只是在表面上做了细微变化，并没有改善结果，因此，失败是必然结果。我们在前面提到过，一个人身石腿、能说会道的老人，在那篇寓言中，这个问题已经得到详尽的证实。

在箴言无效的情况下，人们便寄希望于楷模效应。对此，前文我们已经说过，在此我们只想指出为什么最优秀的楷模总是不能发挥应有的效应。究其原因，主要在于他们无力使人们接受升华生命的推动力。就以山西省前任巡抚张之洞为例，据说他曾不遗余力地制止官员吸食鸦片，并禁止百姓种植鸦片。但他的下属中有多少人能积极配合他呢？缺少配合会造成怎样的结果呢？这是不难想象的。

任何一个外国人，如果他所依赖的中国人不认可他的改革，那么他就不得不承认自己在中国事务方面会非常无助。同样，对于一个中国人来说，无论他位居何职，也会感到束手无策的。最理想的状况是，这个中国人确定目标后，便着手处理眼前的一切问题（只是表面上的），就如同一只爬上阁楼的猫，去清除楼里的老鼠。但是，只要这个中国人一走，还没走多远呢，老鼠就开始出来活动了，一切又回到了从前的状况。

中国政治家应该怀抱亲自改革国家的愿望，这不仅是可信的，也是再自然不过的了，因为除此之外再也没有其他的途径了。如果一位精明的英国官员了解到“东方式的冷漠和宿命论（席勒语），这种可怕的愚蠢，即便是上帝也无力改造”，并了解到长期“改革”所包含的各个方面，那么他就可以准确无误地预测出这种“改革”的结果。针对中国西南开采铜矿暴露出来的弊端，巴伯先生评述说："在铜矿得到充分开采前，云南必须扩充人口，劳力必须受到公平对待，扬子江上游的航运设施必须得到改善——总之，中国必须开化。要想完成这项工程，一千年的时间恐怕都不够用，除非有外来动力的支援。"不借助"外力"而试图改革中国，就如同在海水中造船，难以驾驭的海水和海风是不会促成这件事的。机械学中有一条原理：来源于并终止于一部机器的力，是不能使机器运作的。

北京和天津之间的北运河上有一个河湾，游客会看到那里的岸边有一个坍塌了一半的破庙，另一半被大水冲走了。破庙靠水的一边有一道精心制作的栅栏，由一捆捆拴在桩上的芦苇组成，用来挡水。神像们暴露在外，任凭风吹日晒，周围的土地没有堤防的保护，河床中积满了淤泥，俨然一副荒凉破败的残景。中国有句古语，叫"朽木不可雕"。只有将朽木全部砍去，老根才能长出新芽。与此一样的道理，中国是不可能通过内部改革成功的。

不久之前，西方各国一致认为，中国可以通过加入国际"联盟"而得到复兴。不过，目前没有可靠的证据能证明这种希望有机会成功。迄今为止，西方主要国家在北京派驻代表已有三十多年，他们对中国所受的苦难起到什么有益的影响了呢？更令人悲哀的是，大国之间的国际关系对中国并不是很有利。中国人具有敏锐的观察力，他们能够相信西方国家帮助中国改革的动机比中国人自身改革的动机更高尚吗？既然中国正在发展成一个"大国"，那么她就会忙于引发其他国家之间利益冲突，以便坐收渔利。可是，她忽视了其他国家正在"掠夺"她，而不是在对她进行道德教化。因此，中国不可能通过外交途径改革成功。

也有人坚信，中国不仅需要加入国际大家庭，而且需要自由交往、自由贸易以及和睦友好的关系。可以说，商业贸易是解决中国问题的灵丹妙药。中国需要更多的进出口，更低的关税，需要取消过境税。二三十年前，中国人充分地渗透到澳大利亚和美国，可他们并没有产生"自由交流"和"四海之内皆兄弟"的信念。中国的茶叶和草帽质量不合格，在某种程度上还不如从西方进口的货物，这难道不是事实吗？商业作为文明的一种附属物，其价值是无法估量的，但它不能成为改革的手段。现代政治经济学的伟大倡导者亚当·斯密曾把人类定义为“商业动物”， 他说过，没有两条狗会相互交换骨头。假设它们懂得交换，并且狗群在每个大城市里都建立了骨头交易市场，那会对狗的性格产生怎样的不可避免的影响呢？古代的那些贸易大国，从来不是最好的国家，而是最差的。它们的现代继承者，却并非如此。当然，这有可能是由其他原因造成的，并不能完全归因于贸易。有句话说得很好：商业就像基督教，目标广大无边；而商业又像雨后彩虹，总是弯向金色的一边。看一看非洲大陆就明白了，那里猖獗的酒类走私和奴隶贸易，哪一种不是由基督教国家带去的？这些无法形容的灾难，不正好说明商业无法带来改革效应吗？

许多了解中国现状的朋友，给中国开的处方比我们上面列举的那些还要全面。他们认为，中国需要西方的文化、西方的科学以及梅杜斯先生说的“物质文明”。中国具有数千年的文明史，我们的祖先还在原始森林觅食时，中国人已经有好几个世纪的文明史了。文化是自私的，总在有意无意地强调“我，而不是你”。正如我们每天在中国所看到的那样，我们引以自豪的文化正遭到嘲弄和非理性的蔑视。如果中国文化对此不加以约束，外国的舶来品会遭到同样的命运吗？

毫无疑问，中国最迫切需要的是科学。他们需要每一种现代科学，以便开发中国潜在的巨大资源。他们已经开始认识到了这一点，在不久的将来，将会认识得更加深刻。然而，掌握科学就一定有利于改善中国的道德状况吗？如何实现这个目的呢？化学是与现代社会发展联系最紧密的学科之一，但是，在中国传播普及化学知识就能使中国人获得新生吗？难道在生活的各个方面就不会引发新的意想不到的欺骗与暴力吗？按照中国人现在的性格，如果他们掌握了制造现代炸药的配方，而且化学制剂货源充足，难道人们还能过上安全的日子吗？

有人认为，中国真正需要且全部需要的是西方“物质文明”高度发展的产物，包括由蒸汽机和电力所发明创造的各种奇迹，以及连接各个城市的铁路、航行在内陆河上的蒸汽轮船、完善的邮政系统、国家银行、作为通讯中枢的电话与电报。所有这些，都是中国幸福新时代的明显标志。张之洞在“主张修筑铁路”的奏折中，就有这种未成形的想法。他断言铁路将会消除河运中很多潜在的危险，“比如水手监守自盗”等行为。那么，物质文明的发展真的能消除道德上的弊病吗？铁道部门能保证其雇员乃至管理人员都诚实可信吗？据记载，州与州之间的整段铁路被完全侵占，而股东们却束手无策，找不到“该负责的人”。物质文明究竟是自己发展起来的，还是由一系列复杂原因，经过长期缓慢的相互作用，才发展起来的呢？引入选举投票箱，就能使中国成为民主国家，建立共和制度吗？如果中国不具备西方所具备的那些条件，就不可能获得同样的结果，也不可能发展出同样的物质文明。这些原因不是关于物质的，而是涉及道德。

中国人为什么不效仿香港、上海及其他通商口岸，在内地城市设立“模范租界”呢？因为他们不愿意看到这样的变革，不能忍受“模范租界”的设立。在三分之一的世纪中，他们亲眼目睹了诚实管理的直观实例，可为什么不在其他地方采用同样的管理方式呢？因为在中国目前的状况下，如果采用抽税这样的税务体系，人们在道德上是无法接受的。英国人的性格和道德经历了一千多年才发展到目前的水平，中国人不可能一下子就接受下来并加以运用，不可能像一架克虏伯大炮一样，架起来就随时可以开火。

盎格鲁—撒克逊民族培养人格和良心的力量，如同恺撒登陆不列颠或征服者威廉入侵英国的史实一样，是确凿无疑的。这些力量诞生于基督教，又随着基督教的发展而发展。随着基督教在人们心中生根发芽，这些力量也将变得枝繁叶茂。

让我们听听伟大的文化倡导者马歇尔·阿诺德是怎么说的，他说：“每一个受过教育的人都热爱希腊，感激希腊。希腊是艺术与科学的旗手，如同犹太人是正义的旗手一样。当今世界，不能没有艺术与科学。伟大的希腊人是那样热衷于艺术与科学，反倒使品行成了一件平凡的家常事。曾辉煌一时的希腊人，因不注重品行的修养而消失在世界中。人类需要品行、坚韧、人格……不仅如此，即使在知识受到高度尊重，世界需要越来越多的美和知识的今天，能统治整个世界的不是希腊人，而是犹太人；不是希腊人卓越的艺术和科学，而是犹太人崇高的正义。”

要想让中国得到改革，必须从根源上寻找中国人性格的成因，并在实际上推崇人的良心，不能像历代的日本天皇那样，整天在皇宫里闭门造车。当代哲学的一位主要代表人物说得好：“炼金术是不可能把铅炼成金子的。”中国最需要的是正义，每一个中国人也都需要全新的灵魂，全新的家庭，全新的社会。